高文斐/著

胜天半子

中国财富出版社有限公司

图书在版编目（CIP）数据

胜天半子 / 高文斐著 . —北京：中国财富出版社有限公司，2024.3（2024.5 重印）

ISBN 978-7-5047-8151-2

Ⅰ.①胜… Ⅱ.①高… Ⅲ.①历史人物-生平事迹-中国-古代 Ⅳ.① K820.2

中国国家版本馆 CIP 数据核字 (2024) 第 005920 号

策划编辑	宋水秀	责任编辑	张红燕 宋水秀	版权编辑	李 洋
责任印制	梁 凡	责任校对	张营营	责任发行	杨恩磊

出版发行	中国财富出版社有限公司		
社　　址	北京市丰台区南四环西路 188 号 5 区 20 楼	邮　　编	100070
电　　话	010-52227588 转 2098（发行部）	010-52227588 转 321（总编室）	
	010-52227566（24 小时读者服务）	010-52227588 转 305（质检部）	
网　　址	http://www.cfpress.com.cn	排　　版	博峰文化（北京）有限公司
经　　销	新华书店	印　　刷	三河市天润建兴印务有限公司
书　　号	ISBN 978-7-5047-8151-2/K・0242		
开　　本	710 mm×1000 mm 1/16	版　　次	2024 年 4 月第 1 版
印　　张	14.5	印　　次	2024 年 5 月第 2 次印刷
字　　数	156 千字	定　　价	52.00 元

版权所有・侵权必究・印装差错・负责调换

前言

　　煌煌青史，千载雄名。这些名字不仅记载着一段段惊心动魄、气势恢宏的往事，更代表着一个个将成功掌控在手中的胜利者。在这些名字的背后，刻着他们将成功收入囊中的谋略。

　　善谋者取成功，能略者定乾坤。在中华文明五千年的历史中，谋略一直是被人们津津乐道的。以古代人的眼光来看，皇帝乃是天子，地位、权力都是上天赋予；以现代人的眼光来看，"王侯将相宁有种乎"，他们之所以能成为明君名相，是因为懂谋略，用谋略，能化解谋略。

　　古今人可有大不同？每个时代都有属于它的主旋律，春秋时期的"尊王攘夷"，战国时期的"合纵连横"，秦朝时期的"大一统"，汉朝时期的"独尊儒术"……单从谋略水平上来看，现代人依然需要站在古人的肩膀上，才有快速领悟谋略、运用谋略的可能。

　　展开丹书一卷，拥紫微星入怀。图谋成功者，可将本书化作桥梁，跨越时间、空间的距离，与历史长河中的帝王将相们畅谈谋略。本书分为上中下三篇：

上篇，立身。成大事者必有过人之处，虚怀若谷、海纳百川，攻时动于九天之上，守时藏于九地之下，还有一双能看破迷雾的火眼金睛。这些本事并非凭空得来，只有经过修炼才能掌握。

中篇，权衡。人生中最简单的决定是取，最难的决定是舍。取就真的是收获，舍就真的是失去？也不尽然。只有学会权衡利弊，才能真正看清取舍之间的奥妙。

下篇，博弈。卧榻之侧，岂容他人鼾睡？天下虽大也并非任人予取予求。能帮你战胜对手，取得成功的，唯有博弈而已。

胸有大志，要如何取得成功？只有将谋略融会贯通、使自己充满智慧，才能拾级而上，登上他人可望而不可即的高处。

上篇　立身

第一章　虚怀若谷，谋大事者需有大胸怀　/002

　　给别人留生机，就是给自己留转机　/002

　　宽容人，争"理"不如争"礼"　/007

　　仁恕之道，就是化敌为友，化阻力为助力　/011

　　与人为善，君子有成人之美　/014

　　做事留情，以直报怨，海纳百川　/018

第二章　潜龙勿用，出手必是雷霆万钧　/023

　　深藏不露，才能在动时一招制敌　/023

　　鹰立如睡，虎行似病，捂好自己的底牌　/030

　　真正的高手，皆是喜怒不形于色　/034

　　善于藏拙才不会成为众矢之的　/040

　　只有可笑的浅陋者会夸夸其谈　/044

第三章　勘破迷障，练就一双"火眼金睛"　/050

打破思维固化，"出奇"方可"制胜"　/050

摸清对方脾气，直击人性弱点　/055

看似光明正大，实则处心积虑　/060

一切的骗局，都是建立在人性之上　/064

守住本心，自然能抵御一切诱惑　/068

中篇　权衡

第四章　屈辱不过淬砺，踏过便是巅峰　/074

羞辱伤人一时，冲动毁人一世　/074

忍得了羞辱，才能撑得起成功　/082

能屈能伸大丈夫，舍小取大真豪杰　/085

委曲求全，善忍方能成大事　/090

眼泪就是软刀子，示弱往往出奇效　/093

第五章　权衡取舍，方能险中求胜　/100

舍得放下面子，才能爬得上位子　/100

知进退，明取舍，才有本事赢得未来　/108

小事忍让见雅量，息事宁人考虑长 /113

先收回拳头，才能让出击更有力 /119

第六章　藏锋隐智，待时而动，是人生大智慧 /124

人在矮檐下，一定要低头 /124

时机未到，强出头只会全盘皆输 /129

万事俱备，果断出手才是制胜之道 /133

别在强人面前逞威风 /136

懂得低头是勇者，善于借势为能人 /139

下篇　博弈

第七章　四两拨千斤，缺陷也能成为"杀手锏" /144

能够制胜的一方，并非都是强者 /144

无须完美，缺陷才是最好的保护色 /152

上位者不忌惮愚人，却忌惮聪明人 /156

暴露缺点，甩掉遮掩短处的包袱 /164

愚以愚胜，是愚人成功的途径 /168

第八章 以道御术,方可通行天下 /173

做人有底线,做事有界限 /173

恩威并施,容得下人,才能驭得了人 /178

以诚待人,是走向人心最好的"通行证" /185

敲山震虎,给别人机会,也给自己机会 /191

各司其职,到位而不越位 /198

第九章 人生如战场,谋局才能谋成功 /204

最高明的博弈,就是欲取先予 /204

出其不意,才能让对手防不胜防 /207

智者造势,能者借势,明者顺势 /213

高手过招,互利共赢是上策 /216

声东击西,真真假假藏智谋 /220

上篇 立身

第一章
虚怀若谷,谋大事者需有大胸怀

给别人留生机,就是给自己留转机

谋略思维

人生一世,风水轮流转,没有人能永远立于不败之地。得意时懂得给别人留生机,失意时才能从别人身上获得转机。山不转水转,时时给自己留后路,才不会让自己走上绝路。

谋略解读

人际交往中,难免会在认知、利益、情感、工作等方面存在不同的看法和分歧。一些人为了维护一己之私,会得理不饶人,非要与人争个高下、拼个输赢,不惜恶语相向,甚至大打出手,结果使得原本简单的事情变得复杂,有时还因此惹上牢狱之灾,甚至付出生命。

得理不饶人，凡事都斤斤计较，不仅会伤害彼此的感情，也会引起对方的反感，激化矛盾，使得原本一些无关痛痒的小事，演变成一场激烈的"冲突"，这是极为愚蠢的举动。因而，做事要给别人留有余地，若将他人逼到绝路，自己也就没有了退路。

当然，两人争论，各抒己见，这是不可避免的，但不可上纲上线，更不要使争论变成争执。要学会换位思考，谨慎修正自己的观点，让别人从换位思考的角度来理解自己的动机。唯有如此，你才不会盲目地谴责他人或盲目地自我辩护。

谋略案例一

汉代的公孙弘，年轻时家里十分贫穷，尽管后来身居丞相一职，但依然保持俭朴的生活作风。他吃饭的时候只有一个荤菜，睡觉时只盖普通棉被。为此，大臣汲黯向汉武帝参了一本，批评公孙弘位列三公，有相当可观的俸禄，却只盖普通棉被，实际上是装模作样、沽名钓誉，其目的是骗取俭朴清廉的美名。

为此，汉武帝询问公孙弘，汲黯说的是否属实。公孙弘回答："汲黯说得没有错，满朝文武大臣之中，他与我的交情甚好，也十分了解我。我位列三公而只盖普通棉被，与平常百姓一样，这的确有装清廉嫌疑。如果不是汲黯忠心耿耿，陛下您又怎会听到他对我的这种批评呢？"

汉武帝听了公孙弘的解释，反倒觉得他为人谦让，更加尊重他了。

按理说，每个人都有自己的生活方式，作为朝廷重臣的公孙弘也不例外。他生活俭朴应当是一种美德，可却被汲黯指责成沽名钓誉，这是一种公然的羞辱。公孙弘完全可以有力地反驳，但他却欣然一笑。这并非软弱，而是一种宽容，他不想因此事而伤了彼此的和气。这是一种君子的雅量，更是得理也让人的写照。

得理不让人，不仅会伤害对方，有时还会连带伤害对方的家人，甚至毁了对方，这有失厚道。你于"理"明显占过对方，放他一条生路，他会心存感激，来日也许还会报答你。就算不会图报于你，他也不太可能再度与你为敌。这就是人性。因此，得理也让人，是君子所为，也是智者所为。

谋略案例二

秦穆公在岐山有一个王室牧场，饲养着各式各样的名马。一天，几匹马突然冲破栅栏逃了出去，管理名马的牧官大为惊恐。他知道如果主公知道这件事，他肯定会被斩首，因此拼命派人四处寻找，结果在山下附近的农村找到部分疑似马的骨头，心想马一定是被这些农民吃掉了。秦穆公的牧官大为愤怒，想把这三百个农民全部判死刑，报交给秦穆公定夺。

牧官怕秦穆公震怒，自己也会有杀头之罪，于是就带着这些农民向秦穆公报告说："很对不起，这些农民把名马吃掉了，因此才判他们死刑。"

可是出人意料的是，秦穆公听了不但不怒，还说这几匹名马是精肉质，就赏赐给他们下酒。这三百个农民被免除死刑，高兴地回家了，心里非常感激秦穆公的恩德。

几年后，秦穆公与晋惠公交战。曾经在战场上战无不胜的秦穆公，这次却陷入绝境，士兵被敌军包围。眼看快被消灭，秦穆公意识到恐怕自己要战死了。

突然，敌军的一角开始崩裂，一群骑马的士兵冲进来，协助秦穆公的军队战斗。这些不知从哪里来的士兵非常勇猛，只见晋军节节败退，最后不得不撤走了，援军保护秦穆公脱离险境。

到达安全地点后，秦穆公非常感谢这些勇敢善战的士兵，并问他们是何方军队。他们回答说："我们是从前吃了您的名马，而被赦免死罪的那些农民。"这些农民比秦穆公的军队更勇猛，他们是为了报答救命之恩才拼命战斗的。秦穆公得救，是他以前救的三百条人命的恩德救了自己。

假如有人触犯皇帝，人们首先想到的是"这人必死无疑"。要是有人吃了皇帝的爱马的肉，那么他们的小命肯定不保了。

对于秦穆公来说，那些吃了他爱马的肉的农民，身份是十分低微的，他从未想过，或者说任何人在那个时候都不曾想过，这些身份低微的农民能给秦穆公什么帮助或回馈。但出于一颗对子民的宽容与仁爱之心，他不但没有诛杀这些农民，还放他们一条生路。正是这一善举，给他日后带来了"福祉"，让他在生死关头捡回一条命。

可见，人生之际遇，着实玄妙，无论你地位多高，都不可能永远顺风顺水，此时你面前渺小如蝼蚁的人，或许在将来的某一时刻，会成为你扭转命运的关键。所以，得意时莫张狂，给别人留生机，就是给自己留转机。

宽容人，争"理"不如争"礼"

谋略思维

> 人若想谋大事，需要有宽阔的胸怀、容人的气度。纵观历史，越是在事业上取得成功、有过辉煌成就的人，越懂得对人宽容，很少看到他们计较什么、争辩什么。他们不计小事，争的是"礼"，谋的是大局与整体。

谋略解读

宽容是一种美德，是对他人的谅解与善待。一个人不能宽恕、容忍别人，便很难在这个世界有立身之地，他的人生道路也难以走得长远。

人生在世，有一颗宽恕、容人之心的人，必然有宏大的志向、宽广的心胸。所以，在别人还在为小利益而斤斤计较的时候，为个人私怨而睚眦必报的时候，有宏大志向的人早已把视野放在更远处，宽容他人的同时，也成就了自己。

当然，宽容更是一种自我解脱。生活中有许多说不清、道不明的是是非非，争究竟是为了什么？是权利、地位，还是金钱？

这样的快乐又能维持多久？也许你确实有"理"，也争到了"理"，然而结果可能是处处都充满危机，最后堵死了自己的路。

谋略案例

南北朝时期，西魏大臣宇文泰实际掌握朝廷大权，文帝元宝炬充其量是个傀儡。

宇文泰既聪明能干，又懂文韬武略，西魏在他的主持下国泰民安。有人为了邀功，就吹捧宇文泰说："大人功德无量，苍生受益，应该顺应天命，承继大统。"宇文泰见有人鼓动自己登帝位大喜，但他却故意说："天子有天子之福，我自知德才不具，怎敢有此邪念？"

大行台左丞苏绰是宇文泰的心腹，于是宇文泰就对其提及此事。苏绰说："这是有人要置大人于死地，大人万万不可。"

宇文泰笑道："我在魏国说一不二，谁还敢治我的罪？皇上也得按我的指令行事。"

苏绰见宇文泰野心膨胀，就劝道："大人既有皇帝之实，又何必冒天下之大不韪，做谋逆之事？"

宇文泰的心事被苏绰说中，他急忙掩饰道："这全是小人之言，我并不采信，你何必当真呢？"

苏绰为了彻底打消宇文泰的称帝野心，就说："我国外有强敌虎视眈眈，内有百废待兴，大人此刻更应该以仁恕待人，方保权位不失。皇上虽弱，但民心深厚；大人虽权高位重，但却堵不住别人的嘴巴。"

宇文泰反复思量，终觉苏绰说得在理，便放弃了邪念。

苏绰协助宇文泰治理西魏，进行了许多变革，遭到不少人反对，给他加了不少罪名。

但宇文泰相信苏绰的为人，对所有人的控告通通不加理会，他对苏绰说："我是信任你的，你如果想惩治谁，我一定为你出气。"

苏绰说道："变革涉及多种利益，有人反对是正常的，但这个时候惩处反对我的人，只会使人心更加恐慌，因此，我请求宽恕他们。"

宇文泰则说："你太仁慈了，这样只能让他们越闹越大，增加对你的诬陷，你甘心这样吗？"

苏绰回答道："我用仁恕之心待人，并不代表向他们示弱，而是想感化他们。我就是让他们知道，我绝不会因个人私利而为难他们，这样做是为了朝廷的长治久安。"

苏绰没有任何报复举动，这让反对他的人大出意外。时间一长，这些人都相信苏绰此举不是假做，遂生愧疚之心。

一天，一位强烈反对苏绰的大臣拜见苏绰，对他说："你不和我们一般见识，可见你大人大量，难道你真的不记恨我们吗？"

苏绰道："我非圣贤，生气是难免的。不过我能理解你们，这样做也是为了我自己。"

大臣不解地问："你太客气了，你给我们恩典，怎么是为了自己呢？"

苏绰诚恳地说："我若报复你们，你们必记恨在心，如此冤冤相报，只能是两败俱伤。一旦我失势，你们还会饶了我吗？可眼下我们不结仇怨，我也没有担惊受怕的那一天。"

大臣大为感动，就对其他大臣说："苏绰宽恕我们，却毫不居功，这是大仁大义，我们还能和他作对吗？"

从此，反对苏绰的人纷纷成了他的支持者。

苏绰面对反对者、诋毁者，选择宽恕和大度，正因如此，他赢得了那些原本反对者、诋毁者的感恩戴德，更让他们成为自己的支持者。

在他看来，当一个人想要谋大事时，必须依赖各种各样的人，赢得更多人的支持与拥护。这个时候，越宽容，不拒绝任何小流的汇入，才能汇聚成大川。更何况，当别人对你有敌意的时候，越宽容，越能化解敌意，并换取对方的愧疚与感恩。相反，越记恨，越报复，锱铢必较，得到的是更多、更严重的仇恨，如此，只能两败俱伤。

总之，谋大事，要对人宽容、宽容行事，方能得到意想不到的收获。

仁恕之道，就是化敌为友，化阻力为助力

谋略思维

人非圣贤，孰能无过。人难免会犯各种各样的错误，对于别人的过错，我们需要持有仁爱、宽恕的态度。当我们能及时给犯错者以宽容的机会，他就会因你的宽恕而改变，还有助于你化敌为友，化阻力为助力。

谋略解读

人生在世，犯了错误并不可怕，长了记性，勇于承认，坚决改正就可以了。最可怕的是，犯了错，得不到别人的宽恕，导致其"破罐子破摔"。要知道，每个人都是在批评与自我批评中逐渐成长起来的。每一个犯了错的人就像一只在黑暗中迷路而撞到你的飞虫，你所做的选择不同，结果也不尽相同。

只想着惩罚和消灭，或许你会将他消灭，或许更激起他的恨意，与你鱼死网破。若是懂得谋略，设法给他一个投奔光明的机会，那么他在迎来重生的同时，也会感恩于你的仁爱与宽恕。当他认为难以宽恕的事情被宽恕了，内心自然会因此感动，甚至改变。

谋略案例

唐太宗时，才华横溢的李百药被征召入朝，做了中书舍人。

一次，李百药因不徇私情得罪了一位大臣，这位大臣便诬告李百药贪赃枉法。唐太宗对李百药说："朕知道你很清廉，但既然有人控告，朕就得调查落实。你有什么话要说？"

李百药摇头道："我无话可说，恳求陛下严查。"

后来查明那位大臣纯属诬告，唐太宗十分生气，想要惩办他。这时李百药却为那位大臣求情说："诬陷臣的确是可恨之举，但诬陷臣的人一定对臣缺乏了解，臣平时很少与人沟通，这是臣的错。如果臣早日与别人交往，此事就不会发生。因此，臣恳请陛下不要责罚诬陷臣的人。"

唐太宗非常感慨："你的恕人之心如此之大，朕焉能不成全你呢？"

那位诬陷李百药的大臣知道事情真相后深受感动，主动上门向他赔礼道歉。李百药不但宽容地接待了他，并且两人还成为好朋友。

后来，又有人诬告李百药时，那位曾经诬陷过他的大臣挺身而出，给李百药打抱不平。

李百药的宽容让自己少了一个对手，多了一个朋友，甚至是忠实的拥护者。可见，仁恕之道不仅能感染人，更能改变人。

很多时候，人们总是戴着有色眼镜去看那些犯了错的人，或者用充满敌意的眼光应对那些与自己作对、陷害自己的人。事实上，这不但遮挡了视线，还会影响判断。李百药面对诬陷自己的人，用宽广的胸怀去包容，用宽恕之心来接纳，不但避免了矛盾激化的风险，还会树立自己仁爱的口碑。

把敌人变成朋友，总比永远与别人为敌要好。以包容的胸怀让错者改过，以仁恕之心化敌为友，朋友才会越来越多，人生道路才会越走越顺畅。

所以，善谋大事的人，都是深谙仁恕之道者。当你用真诚的心去宽恕别人，对方一定能够感受到你的那份宽厚，不但情绪受到感染，还会产生"近仙者逸"的奇特效果。当你心怀坦荡地宽恕别人，对方便会收起敌意，甘心成为你的朋友，为你助力。

与人为善,君子有成人之美

谋略思维

> 人生在世,历经风风雨雨、起起落落,最宝贵的就是与人为善,尽可能给予他人帮助,尽可能成人之美。对于别人的好事,极力地予以支持和赞赏;对于别人的不幸,不幸灾乐祸,更不落井下石。这便是在这个世界上立身、成事的谋略。

谋略解读

孔子在《论语·颜渊》中说:"君子成人之美,不成人之恶。小人反是。"一般来说,君子是有心"渡人"的,往往会成全别人的好事,而不促成别人的坏事,小人则与此相反。

的确如此,能够为他人鼓掌和成人之美是真正的与人为善,是一种高尚的品德。它需要一个人有宽广的胸襟,卸下防备心和攻击心。对于那些心胸狭窄,善于算计、钻营的人来说,这一点是他们无法做到的。

在一些懂谋略的人身上,成人之美是与人为善的最佳表现。

很多时候，他们允许别人比自己强大，甚至能做到让别人踩在自己的肩上前行。当别人成功，赢得如雷般掌声的时候，他们同样会感到欢欣与幸福，报以掌声与赞美。

成功不必在我，别人的成功只要是好事，选择做一个"成人之美"的人，何乐而不为呢？当学会为别人的精彩鼓掌，抱着一种成人之美的心态，那么也将迎来双赢的局面，获得更多人的喝彩。

成人之美，需要底蕴，需要赤诚，这便是谋大事者的胸怀。

谋略案例

唐朝时期，有个名叫谢原的人，他才思敏捷，精通辞赋，擅作歌词，他所作的歌词在民间广为流传。

一年春天，谢原到张穆王家中做客。张穆王对他十分尊重，亲自接待了他。饮酒畅谈之余，张穆王让小妾谈氏在帘子后面弹唱歌曲。谢原仔细一听，谈氏所唱歌曲正是自己所作的竹枝词。看到谢原听得十分出神，陶醉其中，张穆王干脆叫谈氏出来拜见。

谈氏是个美女，长得非常漂亮。拜见谢原之后，她又把谢原所作的歌词唱了一遍。谢原十分高兴，就好比遇到知音一般，并对谈氏产生了爱慕之情。这时候，谢原站起来对谈氏说："承蒙夫人厚爱，在下感激不尽，只是夫人所唱的是在下的粗浅之作，我应当重新作几首好词，让夫人来唱，以备府上之需。"

第二天，谢原果真奉上新词八首。谈氏接过后，将它们一一谱曲弹唱，两人配合得相当默契。就这样，谢原和谈氏因为词曲你来我往，日久生情。终于有一天，谢原向谈氏表明了爱慕之情。尽管谈氏内心欢喜，也对谢原心生爱意，但她很清楚，自己是张穆王的小妾，无法答应谢原。为了能够和谈氏在一起，谢原亲自拜见张穆王，请求张穆王成全。

按理说，遇到这样的事情，任何一个王爷都会火冒三丈，这毕竟等于给自己蒙羞。然而，张穆王的反应却出人意料，他不但没有生气，还哈哈大笑起来，说："其实，我也正有此意。虽然我也喜欢她，但你们两个才是天造地设的一对啊！一个作词，一个谱曲，一个吹拉，一个弹唱，配合得天衣无缝，我应当成全你们。"

为了报答张穆王的成人之美，谢原后来将此事写成词，谈氏将其谱成曲子，四处弹唱。张穆王的美名很快就传开了，很多有识之士前来投靠。

张穆王的小妾谈氏与谢原产生感情，对于张穆王来说，这有辱于自己的颜面。然而，他不但没有怪罪二人，反倒选择成全。这样的大度不是一般人能具备的。当然，他的善行，他的大度，也赢得了谢原与谈氏的尊重、感恩，更换来了美名传扬，还有众多有识之士的投靠。

很多时候，人总是利己的，想为自己谋求更多，在竞争中获胜。然而，人却不能过于自私，不能为了竞争而竞争，否则表面是得到了，实际上很可能失去很多。所以，真正谋大事者需要与人为善，需要有对别人的尊重和对自我的谦卑，不但要从自身出发，更要从整体出发；要在意自己的成功，更要懂得成人之美。

当然，人生在世，与人为善不难做到，但成人之美却不是寻常人能做到的。因为要成全别人，就必须忍痛割爱，牺牲自己的部分甚至全部利益，这恰恰体现了谋大事者的胸怀与谋略。

做事留情，以直报怨，海纳百川

谋略思维

> 为人处世要留缝隙，要宽容大度，不可做得太绝，得饶人处且饶人。狡兔都会给自己留好几个洞窟，更何况人生活在一个复杂多变的环境。不管有多大本事，做事要留情，宽容别人就是宽容自己，给别人留条后路就是给自己留条后路。

谋略解读

生活中，得理不饶人的现象是很普遍的。有些人一旦觉得自己有理，就会揪住别人的缺点，穷追猛打，非要逼得对方竖起白旗、缴械投降不可。这样的人大多心态不好，只要心里有怨气、有怨愤，就要想办法发泄，不管对方有无过错。

但是，人生在世，低头不见抬头见，山不转水转，说不定哪天你和对方又会再次相遇，甚至有求于人。因此，你在谋划的时候，善于给别人留余地，就是给自己留余地；懂得给别人留情，那就是给自己留了后路。

为人处世留余地，实际上就是给自己谋后路。不让别人为难，就是不让自己为难；让别人活得轻松，就是让自己活得潇洒，这就是做人留余地的妙处。所以，想要谋大事一定要谨记：权力不可滥用，金钱不可用绝，言语不可说绝，事情不可做绝。

谋略案例一

春秋末期，魏惠王试图称霸天下，四处招揽贤士。庞涓得知这一消息后，便主动求见魏惠王，进言了一些富国强兵之道，为此深得魏惠王喜爱，在魏国做了大将。庞涓是鬼谷子的弟子，有些真本领。他每天操练兵马，并带兵打了几场胜仗，甚至连齐国也被他打败过。此后，魏惠王更加信任庞涓，庞涓也开始自以为是。

不过，庞涓是个妒忌心很强的人，他知道自己的同窗孙膑在兵法上更胜一筹，而且他是吴国大将孙武的后代，知道祖传的《孙子兵法》。魏惠王也听闻孙膑精通兵法，于是与庞涓商议，把孙膑请来为魏国效力。谁知庞涓心怀鬼胎，在魏惠王面前诬陷孙膑与齐国私通。魏惠王听信了庞涓的话，将孙膑定罪，并在其脸上刺字，断其两足，想要置孙膑于死地。

后来，齐国有位使臣到魏国访问，偷偷将孙膑救出，带回齐国。齐国大将田忌早就听说孙膑是个能人，于是就把他推荐给齐威王。齐威王当时正在改革图强，与孙膑谈论兵法后,对他颇为赏识。后来,齐威王拜孙膑为军师,并礼遇他。

公元前341年,魏国派兵攻打韩国,韩国向齐国求救。齐宣王派田忌和孙膑带兵救援韩国。孙膑权衡形势后,决定不去救韩,而是直接攻打魏国。这一次,他利用计谋引诱庞涓上当,当庞涓带领军队到达马陵的时候陷入了齐国的埋伏。庞涓走投无路,最终拔剑自杀。

庞涓嫉妒孙膑,不但诬陷他,还一心置孙膑于死地,可谓心狠手辣,把事情做绝了。正因为这样,他堵死了自己的后路。孙膑逃出魏国,被齐威王赏识重用之后,一举消灭了庞涓。相反,若是庞涓当初不将孙膑往死里逼,给孙膑留一条生路,那么他可能也不会有后来的悲惨结局。可以说,他的自杀,实际上是自己做事不留情的结果,因为他不懂得给自己留后路,最后让自己陷入无路可走的绝境。

所谓"江湖留一线,日后好相见",真正懂谋略的人,不管自己有多大本事,自己多么成功,都不会把事情做绝。做事留情,在自己遇到危难的时候,对方可能也不会把事情做绝。为别人留条活路,到最后自己也可以多一条活路可走。

谋略案例二

商汤是商朝的第一代君王,他胸怀仁厚,有一颗宽仁的心。

一次,商汤外出打猎,看到一个农夫在四处布网,想把鸟兽一网打尽。在布网的时候,农夫还祷告说:"凡是从天上落下来的鸟,凡是从东南西北跑来的野兽,都落入我的网里吧!"

商汤听了之后,感叹地说:"唉!你这人真是太过分了!要是这样,这里的鸟兽不都无法逃脱,要被捕杀殆尽了吗?除了夏桀,还有谁能这么赶尽杀绝呢?为什么要做到如此狠绝的地步呢?"

说完,商汤就命令下属解开三个方向的网,只留下一面,并让那个农夫改变祈祷的话。农夫按照商汤的话,重新祈祷说:"鸟兽想往左边的,就去左边;想往右边的,就去右边;想高飞的,就高飞;想进来的,就进来。你们可以自由地来去!那些不听从劝告的,那些不要命的,就落入我的网吧!"

很快,各诸侯国知晓了这件事,感叹说:"商汤真的很仁慈宽厚啊!他对鸟兽都能网开一面,必然是一个好君王!"一时间,江汉以南的四十多个诸侯都归顺了商汤。

商汤对待各国诸侯的时候,也能做到宽仁,以直报怨,海纳百川。有的诸侯想来归顺,他双手欢迎;有的诸侯不愿来归顺,他也做事留情,不赶尽杀绝。在兴兵征讨夏桀的时候,只诛杀那些死心塌地跟随夏桀的诸侯。他还重用那些愿意归降、辅佐自己的夏朝老臣。

正因如此,商汤终于灭了夏王朝,其势力、威望都远远超过夏朝。

做事留后路,才是智者的谋略之道。如果做任何事都不留余地,没有一条后路,不仅无法谋成大事,反而可能将自己推入万丈深渊。与夏桀相比,商汤做事留情,宽厚待人,所以众望所归。夏桀呢?对百姓、大臣都毫不留情、残暴不仁,以至于让自己陷入孤立的绝境。

所以说,任何过分的行为都将导致灾祸,任何做事毫不留余地的人,自己的路也会越走越窄。人生变化复杂,有时得未必是得,失也未必是失。只顾着眼前的东西,局限于眼前的成功与得意,不给自己留后路,失去的也将更多。

不管任何时候,做事留情,未尝不是真正的大智慧!

第二章
潜龙勿用，出手必是雷霆万钧

深藏不露，才能在动时一招制敌

谋略思维

河水愈深，喧闹愈小。纵观那些擅长谋略的人，从来不会随便炫耀自己的实力，他们总是深藏不露，然后在关键时刻一招制敌。隐藏得越深，永远都是"犹抱琵琶半遮面"，越能出其不意，赢得最后胜利。

谋略解读

我们会发现，有些人总是低调做事，深藏不露，尤其是在与对手对峙时，更会隐忍而不发，让对方捉摸不透虚实深浅，从不轻举妄动。人生就是如此，即便你有真才实学，也绝不可趾高气扬、目空一切。只有适度地收敛起锋芒，夹起尾巴做人，掩饰起才华，才能减少人为障碍，少遭遇一些嫉妒的目光、人为的陷害，多一些顺利。

因此，不管何时都要学会掩己锋芒，深藏不露。当然，深藏不露，并不是说一直让人沉寂，做居士，而是善用智慧与谋略，在适当的时候适度展露锋芒，尤其是在条件成熟的时候，要让别人看到自己的能力。但是，凡事都要把握度，如果锋芒展露得太多、太早，就会使周围的人感到不自在，从而受到排挤，失去本应属于自己的机遇。

有时，适度隐藏，方能有展示自己，有一跃而起的机会，保全自己，不至于遭到攻击。隐藏是智谋，更是一个人安身立命的关键。

谋略案例一

刘备投靠曹操后，仍有一番雄心壮志，但为了防备曹操谋害，就在许昌住处的后院亲自浇灌种菜，以为韬晦之计。关羽、张飞对此不解，问道："兄长不留心天下大事，却学小人之事，这是什么道理？"刘备神色沉敛，并不多语，只说："这不是二位兄弟现在所能知道的。"

建安四年（199年）的一天，曹操派人去请刘备赴宴。因不知用意，刘备心里忐忑不安。虽手下将不过关、张，兵不过数千，但刘备仍乃当时豪杰，"信义著于四海"；且"盖有高祖之风，英雄之器焉"，和刘邦一样，都不是屈居人下的将兵之才。曹操何等人物，遍识天下英雄，当然对刘备有着颇为透彻的了解。他自然明白，一旦羽翼丰满，刘备将是一位非常可怕的对手。这场酒局，分明就是一场实力试探和政治表态的会面。

酒至半酣，忽然阴云密布，骤雨将至。二人遥看天上变幻的云，好像神话中传说的盘龙一样幻妙。曹操突然问道："龙这种东西，好比世上的英雄。玄德久历四方，一定非常了解当世的英雄。你来说说看，当今世上，有谁能够称得上英雄？"

刘备请教似的问："袁术拥有淮南，兵广粮足，算得上英雄吗？"

曹操嗤之以鼻。

刘备又问："荆州的刘表、益州的刘璋、江东的孙策，以及张绣、张鲁、韩遂等人，他们算得上英雄吗？"

曹操不停地摇头。

刘备仍然装作一脸不解："袁术的堂兄袁绍，虎踞河北，麾下人才济济，应该算得上一个英雄吧？"

曹操说："袁绍看上去厉害，其实胆子很小。虽然他有很多聪明的谋士，可他自己却欠缺一个领导人应有的决断能力。像他这种人，干起大事来总是不愿意付出，见到一点小利益却又不顾危险，不算是什么真英雄。"

刘备以上的这些回答着实不算高明，当时但凡街井小民都会如数一二。但正因如此，曹操也认为刘备见识一般，和常人无异。

接着，曹操给出了当世英雄的标准，说："夫英雄者，胸怀大志，腹有良谋，有包藏宇宙之机，吞吐天地之志者也。"

刘备继续装痴，问道："谁能当之？"

曹操用手指向刘备，然后又指了指自己，说："今天下英雄，唯使君与操耳！"

刘备闻听此言，大吃一惊，手中所持的筷子不觉掉到地上。正巧这时外面雷声大作，刘备便从容俯下身拾起筷子，说："一震之威，乃至于此。"

曹操轻蔑地笑笑说："大丈夫也怕雷震吗？"

刘备说："圣人云：'迅雷风烈必变。'怎能不怕呢？"就这样，刘备借口雷声之震，把自己内心的惊惶巧妙地掩饰过去了。曹操从此放松对刘备的警惕，真正认为他是一个胸无大志的人。无疑，这为刘备日后扩充军力、抗击曹操争取到了宝贵的时间。

刘备虽是一代枭雄，但在曹操手下混日子的时候，一直蛰伏不语。当曹操煮酒论英雄，对其加以测试的时候，当曹操将他和自己相提并论的时候，虽然因为吃惊而使筷子跌落地上，刘备仍努力让自己镇静下来。为了消除曹操的疑心，刘备巧妙地表示是被雷电震落，借此躲过了曹操的测试。

正是因为刘备懂得隐藏，才让曹操放心，有了后来的崛起和汉室江山。假如刘备不懂得深藏不露，而是在曹操面前夸夸其谈，展示自己的才华，暴露自己的野心，那么曹操必定将其除之而后快。

所以说，懂得深藏不露，让外人不加防备，却又暗中成就自己的大事，才是真正的谋略。故而当你处于被动境地，或在条件不成熟的时候，要学会静等，藏锋敛迹，万不可随便展示能量，否则可能面临危机。

谋略案例二

楚汉争霸之时，刘邦比项羽先一步攻破咸阳。当初两人约定：谁先入咸阳，谁可以称王。因此，项羽对于刘邦先入咸阳是非常不满的，想要除掉刘邦，便准备了鸿门宴。

当然，这之前项羽已经了解了刘邦进入咸阳后的所作所为，认为他是有称雄之心的。范增也是这样认为，劝项羽说："曾经的沛公，贪财好色，可如今入关，却不取财物，不近美色，可见必然所图甚大啊！将军应该抓住机会，趁机除掉沛公，以免后患无穷。"

项羽却不以为然，因为此时的他拥兵四十万，而刘邦只有十万人，势力相差悬殊。在项羽看来，自己打败刘邦，就如摧毁朽木一般，几乎没什么难的。不过，他仍会见了刘邦，想试探下他。

刘邦当然知晓项羽的心思，便选择赴宴，并很好地掩饰了自己有争夺天下之心。他只带着张良和樊哙来赴宴，一见到项羽，就非常谦恭地行了大礼，说道："刘邦不知将军入关，有失远迎，今日特来登门谢罪。"

随后，他又解释了自己先入关的原因，以及在咸阳的所作所为。"刘邦与将军一同攻打秦国，虽然兵分两路，但也是仰仗了将军虎威，才得以侥幸先入关中。入关后，考虑到百姓凄苦，所以才废除了残酷的秦法。除此之外，一切照旧，只等着将军来裁决。"

席间，刘邦也是卑躬屈膝，把谦卑表现得淋漓尽致。在赴宴前一天的晚上，刘邦还拉拢了项伯，与他攀亲，认作儿女亲家，趁机表明自己无争天下之心。

正是因为刘邦善于隐藏自己，再加上项伯的美言，项羽失去戒心，不但没有杀刘邦，还放他回去。而刘邦这次回去，犹如猛虎归山，不断壮大势力，最终消灭项羽，夺得天下。

在与项羽实力相差悬殊的情况下，刘邦知道自己不赴宴，就等于暴露了争夺天下之心，必死无疑。于是，他选择冒险赴宴，并尽量表现得卑躬屈膝，不表露雄心，不显示大志，最终保全了自身，消除了危机。

很多时候，我们看到那些"装疯卖傻""卑躬屈膝"的人，并不是临危而惧，而是懂得深藏不露的谋略，在自己羽翼还未丰满时保存实力，等待后发制人。

所以，想要成大事，很多时候我们需要隐藏自己，不能够将自己所有的事都全盘托出，特别是不要轻易地将自我的理想和抱负说出来。在激烈的竞争中，在复杂的社会环境中，学会适当地隐藏自我的壮志雄心和真实意图，也是一种实力。越能深藏不露，越能胸怀大计，成就大业。

鹰立如睡，虎行似病，捂好自己的底牌

谋略思维

人生在世，鹰立如睡，虎行似病，正是攫人成事的谋略。捂好自己的底牌，适当地隐藏好自己，不但可以让对手失去防备戒心，还可以让自己蓄积力量。一旦机会成熟，便可以打得对手措手不及。

谋略解读

立如眠鹰，行似病虎，形容的是那些从不张扬、心机深、智谋高远的人。当鹰在搏兔或虎在攫食的时候，最先是不动声色，不露锋芒，懒懒得好像在睡觉，其实它们是在做攻击的准备，不发则已，一发则必达到它攫取食物的目的。

纵观历史上那些大有所成的人，皆是不动声色、善于谋划的人，能做到"鹰立如睡，虎行似病"，耐心等待，暗中观察，然后一鸣而天下动。当然，我们也可以将这理解为一种示弱。但示弱并不代表真的"弱"，它可以是小忍而不乱大谋，也可以是收敛触角并蓄势待发。

强者示弱，可以展示博大的胸襟；弱者示弱，可以积累时间，渐渐变得强大。一旦到了展示威力的时候，往往能一招制敌。

谋略案例

三国豪杰中，要数司马懿最善于藏器。他的成功，就在于心思缜密，善于隐藏，即便是心有惊雷，依旧面如平湖；表面不动声色，暗中却谋划周密，等到关键时刻，全力出击，一举得胜。

司马懿出生时，大汉已经行将就木。他虽然有才略，博学广闻，但是想要出人头地，也并非易事。所以，他选择观望，伺机而动。当曹操担任司空，派使者前来征召的时候，司马懿以得了风痹作为理由而拒绝。因为此时群雄并起，曹操只是崭露头角，谁能逐鹿天下是未知数，于是他选择深藏在家，不入仕。

当然，司马懿并未真正隐藏起来，而是时刻关注朝堂局势变化，谋划着出山，实现抱负。当曹操打败袁绍，成为最强霸主之后，司马懿欣然应召。

之后，司马懿也不张扬，依旧不急于表现自己，而是默默观察朝堂局势走向。正因为这样，他每每都能做对选择，官场之路越来越顺畅，一步步成为曹魏政权的重臣，权势无人能及。

魏明帝曹叡去世之后，司马懿与曹爽成为辅政大臣，一同辅佐 8 岁的幼主曹芳。此时,曹爽集大权于一身,并视司马懿为眼中钉。曹爽利用尚书台首辅之便,大肆提拔亲信,并想方设法削弱司马懿手中的权力,尤其是兵权,美其名曰拜司马懿为太傅,实际上给了他一个虚职。

司马懿当然知晓曹爽的用心,他深知明争只会招来曹爽的陷害,还可能危及家族安全。于是,他以夫人病逝,悲伤过度引发旧疾为由,辞官在家养病,不问政事。实际上,暗中布置,准备消灭曹爽。他重金收养三千死士,分散于京城,只等反击的机会。同时,他的儿子司马师已是中护军,暗中率兵屯司马门,控制住了京城。司马昭也暗中集结兵众,伺机而动。

嘉平元年(249 年)正月,曹爽带着三个弟弟以及私党拥着小皇帝曹芳外出,前往高平陵祭祀先帝。曹爽等人一出京城,司马懿便命令司马师、司马昭攻打曹爽兄弟的营寨,然后进宫禀报郭太后,说曹爽图谋不轨。

随即,司马懿杀死曹爽兄弟及其私党,手握朝廷大权,把曹魏政权尽收囊中。

《周易》说:"君子藏器于身,待时而动。"表面不动声色,但实际上已经策划好计谋,就是司马懿的谋略之道。他总是能先制造假象,隐藏自己的意图,然后在关键时刻选择出击,最终实现自己的目的。要是司马懿过早亮出底牌,恐怕在曹操时期,便如孔融、杨修等人一般，遭受杀身之祸，又何来之后的四朝元老，把曹魏政权尽收囊中呢？

很多时候，逞强并非好的选择，不懂得谋略，不善于谋划，只会不合时宜地逞强，然后把自己架在风口浪尖上，推到做靶子的危险境地。做人也好，做事也罢，适时运用谋略，乘势而为，自然决胜千里。

正所谓，藏器待时等闲度，乘势而为成大器。不管是在生活中，还是谋求事业，善用谋略是很有必要的。善于制造假象，谋进藏巧，藏器于身，不动声色，暗中谋划，如此才能占尽先机，出手必然是雷霆万钧。

真正的高手，皆是喜怒不形于色

谋略思维

> 为人处世，要把自己的喜怒哀乐藏进口袋里，不要轻易拿给别人看。这样一来，别人就无法知道你的底细和实力，也难以趁机钻空子。情绪不加掩饰，很容易让人看穿你的意图，并因此受制于人。

谋略解读

人际交往中，每个人都要学会喜怒不形于色，隐藏自己，伪装自己。也就是说，不要盲目地、不加辨别地将自己的观点、见解和喜怒哀乐和盘托出，要尽量做到深藏不露。这是以静制动、以不变应万变的谋略之道。

如果轻易地亮出自己的底牌，就会给对方可乘之机，自己会处于被动挨打的地步。因为在局势还不明朗的情况下，任何轻率的表态都有可能造成被动的局面。

真正的谋略高手，总是把自己的思想感情隐藏起来，不让别人窥出自己的底细和实力，这样对手就很难采取应对之策了。当然,这样也更有利于你审时度势,适时运用谋略把握节奏,最终把主动权牢牢握在自己手中。

谋略案例一

当年,唐玄宗重用番将安禄山,却不知道此人貌似粗犷,实则内心狡诈。安禄山想尽办法取得唐玄宗和杨贵妃的欢心,权位越来越高,架子也日益见长。渐渐地,他变得肆无忌惮,除了对玄宗和贵妃恭顺以外,根本不把朝臣们放在眼里。这种情况全被李林甫看在眼里。

一天,李林甫召见安禄山。安禄山到达李宅之后,长揖拜见后便端坐在客位上,显露出一种盛气凌人的架势。李林甫不动声色,只是目不转睛地看着他。安禄山看到李林甫目光深邃、一言不发,感到有些不自然,盛气顿时减了一半。这时候,李林甫吩咐下人,召王鉷大夫进见,说有要事相商。

王鉷进屋之后,迈着小碎步走上前,规规矩矩地向李林甫行大礼参拜,言行举止都非常谨慎小心,唯恐出现纰漏。当时,王鉷在朝廷中的实际地位也很高,仅次于李林甫,与安禄山平起平坐。安禄山看到王鉷对李林甫如此敬重,不由自主地感到有些窘迫。尽管他没有补拜大礼,但也变得恭谨起来。

王鉷走后,李林甫开始与安禄山交谈。他十分精准地分析了安禄山所作所为的意图和心理活动，字字句句都说到了安禄山的心里。对此，安禄山非常吃惊。他没想到李林甫竟然含而不露地将自己心灵深处的隐私点了出来，这让他顿时汗流浃背，湿了衬衣。这时候，李林甫脱下自己身上的袍子，给安禄山披上，并用好话安慰了他一番。自此之后，安禄山尽管对其他朝廷大臣仍然不恭敬，但唯独惧怕李林甫。每次来京城，他都要谨慎地拜见李林甫。

在范阳，每次有使者从京城归来，安禄山问的第一句话都是李林甫说他什么了，如果有褒奖的话他就很欢喜，如果有警告的话，他就会摸着额头说："看来我以后得小心了，否则就会惹大祸。"安禄山惧怕李林甫竟然到这样的程度。

李林甫早已察觉安禄山的谋反之心，但他觉得自己死前可保无忧，反正安禄山无法取代自己的相位。只要生前能够享受荣华富贵，至于唐朝江山如何，哪里还顾得上呢？所以，在李林甫死前，安禄山始终不敢作乱。

李林甫无疑是个老谋深算的人，为了"驯服"自以为和皇帝关系不错的安禄山，就在府上召见他。见安禄山表现出相当傲慢的态度，李林甫就不显山、不露水地对他采取冷待的方式，并以地位稍次李林甫的王鉷的谦恭来衬托安禄山的傲慢。这样的谋略，让安禄山相当吃惊，也感受到了李林甫的威严，特别是李林甫对安禄山心理动向的分析、含而不露的点化，更是让安禄山不能摸透其心中想法，不敢轻举妄动。从此，傲慢的安禄山处于被动地位，成为李林甫棋盘上的一枚棋子。

可见，有时候暴风骤雨式的训斥，未必能够超越含而不露的敲打。因此，不管任何时候，都不要轻易地暴露自己的情绪，不动声色，让对方看不透、摸不清，才能赢得主动权。

谋略案例二

东晋名士谢安真正做到了喜怒不形于色，让人"心有戚戚焉"。

立下赫赫战功之后，桓温有了不臣之心，越来越擅权，不把君王放在眼里，有篡位之意。宁康元年（373年），孝武帝继位，桓温竟擅自入朝，驻兵新亭。一时间大臣议论纷纷，认为桓温不是来废幼主，就是来杀谢安和王坦之的。

为了安抚桓温，朝廷命谢安与王坦之率百官到新亭迎接桓温，并与其谈判。谢安和王坦之刚进入桓温的营帐，便感觉到了杀机。桓温布置的刺客早已埋伏下来，只等他一声令下，便将二人杀之后快。

随即王坦之和百官纷纷跪地拜见。王坦之害怕得不能自持，以至于笏板都拿倒了，浑身更是被冷汗浸湿。谢安却从容地与桓温叙旧，谈笑风生，丝毫没有异样。

不久，桓温病重，他加快了篡位的步伐，急切地向孝武帝索要"九锡"，这赐文就是由袁宏负责起草的。王坦之知道后勃然大怒，大骂袁宏助纣为虐，并试图撕毁赐文。谢安却不动声色，只是以赐文写得不好为由，不断让袁宏修改，一直到桓温去世，这"九锡"也没有成文。

当时晋朝不仅有内忧，还有外患。前秦苻坚一心想要吞并东晋，于太元八年（383年）率领前秦大军，号称百万的大军，一路南下。时任征讨大都督的谢安派谢玄、谢石等人率兵前去迎敌，并在淝水之滨与苻坚展开决战。

谢玄等将领有勇有谋，以少胜多，大败前秦军队，还斩杀了前秦大将苻融。当捷报传到谢安府上的时候，谢安正在与客人下棋。他接过捷报只是看了一眼，便搁置在案上。客人询问是什么事，谢安不紧不慢地回答："小儿辈已经破贼了！"客人立即起身道贺，谢安仍无喜色，悠然地将棋下完。

直到客人离开，谢安才独享胜利的喜悦，高兴得手舞足蹈。

喜怒哀乐是人的基本情绪，这世界上应该没有心如止水的人，谢安也是如此。面对桓温的杀心，面对埋伏的杀手，其实他也是恐惧的。但是他知道自己不能表现出来，一旦把恐惧表现出来，自己就难逃杀身之祸，整个东晋也将落入桓温之手。同样，接到淝水之战大捷的喜报，谢安也是兴奋的，但是如果他表露出来，甚至手舞足蹈，不仅有失风度，还透露出他对这场战争没有底气。正因为这样，谢安尽量控制自己的情绪，不动声色。

可以说，在复杂的人际交往中，喜怒不形于色，是很重要的。真正善于谋略的人往往都不轻易表现自己的情绪，以免被别人识破软肋，给对方可乘之机。这虽然会让他人给出"城府很深"的评价，却也凸显了内敛藏锋的智慧。

善于藏拙才不会成为众矢之的

谋略思维

言语锋芒毕露容易得罪他人,让其成为自己的阻力;行动锋芒毕露容易惹人嫉妒,给自己的人生带来麻烦。只有善于藏拙,才不至于成为众矢之的,才有可能走得更远,更好地做自己想做的事,然后大有所成。

谋略解读

很多人自恃才高,总是想尽办法出风头。他们喜欢在众人面前锋芒毕露,试图引起他人的注意。实际上,这样做的结果往往是事与愿违。

人如果没有锋芒,就如同立不起的藤蔓,难以在社会中立足。但是,锋芒是把双刃剑,过于显露不仅会伤人,更会伤害自己。因此,不管什么时候,显露锋芒必须谨慎,学会做善于藏拙的人才是聪明之举。

事实上,那些有雄才大略的人,心中虽不愿久居下者,但他们绝不会在言语和行动上显露锋芒。他们往往表现得很讷言,大智若愚。他们不是庸才，而是通过藏拙的方式来保全自己，等待时机。一旦到了该显露才华和锋芒的时候，便尽情地显露，并一举获得出人意料的成就。

所以说，能够藏拙的人，是真正懂谋略的。他们总是能隐藏自己，谋划大局；总能在该出现的时候出现，该隐藏的时候隐藏。正因如此，他们化解了阻力，消除了嫉妒，更获得了成功。

谋略案例

三国时期有名的士族公子孔融，刚直耿介，是三国时期较为正直的士族代表人物之一。

初入仕途时，他大胆纠举贪官，在同僚中显得格格不入。董卓操纵朝廷废帝时，他每每相逆其意，结果屡遭降职。

在曹操手握大权后，孔融又常常发表议论或写文章批评曹操的一些政策。一次，太尉杨彪因与袁术有姻亲，曹操迁怒于他而打算诛之。孔融知道后，连朝服都顾不得穿，就急忙跑去劝说曹操不要滥杀无辜，以免失去天下人心，并以辞官为证，让曹操不得不罢手。

由于孔融的据理力争，杨彪才幸免一死。但由于公然顶撞，曹操已经对他非常不满。

建安九年（204 年），曹操攻下邺城，其子曹丕纳袁绍儿媳甄氏为妻。对此，孔融又一纸书信传到曹操眼前：

"武王伐纣，以妲己赐周公。"曹操没有马上明白孔融是在讽刺自己，还特意向其询问此话出处。

孔融回答道："以今度之，想当然耳。"意思是说，现在曹操的所作所为让人不禁联想到当年荒淫之君臣。

此后，孔融又一连作书对曹操的诸多行令加以反对。对于孔融处处显露，一再与自己作对的行为，曹操心中早有嫉恨，只因当时北方形势尚不稳定，而孔融名声在外，不便轻举妄动。

建安十三年（208年），北方局面已定。为了排除内部干扰，曹操在着手实施统一大业的前夕，终于对孔融下手了。他授意别人诬告孔融"欲规不轨"，又曾与祢衡"跌宕放言"，罪状就是孔融以前发表的关于父母子女关系的那段言论。

最终，高调处世、诸事张扬的孔融落得身首异处的下场，其妻子儿女也未能幸免。

孔融是个聪明人，却不善谋略。他的气焰过于嚣张，又处处显露自己的才华，一再与曹操作对，所以被曹操抓住致命之处，落得悲惨下场。

事实上，真正有智慧的人，都有谨小慎微的特性，才华胜人一筹，谋略更胜人一筹。他们擅长藏拙，也擅长藏秀，看似低调，实则充溢，比起那些自恃才高、张扬逞能的人更显睿智。

人生在世，不管有多出众的才气，假如一味夸耀，处处露锋芒，就容易或明或暗地吃大亏。

所以说，不管多有才华，都要擅长藏匿，暗蓄力量，悄然潜行，如此才能在不显山、不露水中成就自己。

只有可笑的浅陋者会夸夸其谈

谋略思维

河水愈深，喧闹愈小。大智者虽满腹经纶，却晓得"天外有天"的道理，故而谦逊做人、低调办事。浅陋者，虽知识浅薄，却总爱妄自尊大、夸夸其谈。

谋略解读

深谙谋略的人，都知道"三人同行，必有我师"的古训，故而总是低调做人、踏实办事。这就如同果实愈是籽粒饱满，愈是沉重，头却垂得更低。那些对"满招损，谦受益"置若罔闻的浅薄之人，却往往追风赶潮、附庸风雅，对待知识，略知皮毛又不求甚解，掌握一点却又浅尝辄止，不管什么时候，都喜欢高谈阔论、夸夸其谈。

因此，不懂装懂，没有真才实学而又口无遮拦的人，必定会招惹是非，更会被人鄙视。才华盖世却喜欢卖弄，喜欢自我夸耀，定将吃大亏而不自知。

正所谓：大智者若愚，大勇者形懦，大德者平易。满腹经纶，却深谙低调和隐藏，能在关键时刻，善用才华与谋略，才大有作为。无知而嚣张，就如同盲人骑瞎马，灾难在眼前。

谋略案例一

金朝熙宗时期，徒单恭出任太原府尹。

为了增加自己的神秘色彩，徒单恭让画师为自己绘制了一幅佛像。然后，召集手下官吏说："我数次看见佛祖如来，和画上的佛像一模一样，这是大吉之兆啊！"

尽管众人都知道这是夸大其词，却依然随声附和："佛祖驾临，是大人的福报，大人前程将不可限量！"

不懂佛学的徒单恭，为了炫耀自己的能量，就胡乱吹捧一番，引得众官吏窃笑。

紧接着，徒单恭就利用此事，下令所属州县交纳钱财，铸造一尊金佛像。徒单恭怕百姓不服，就制造舆论："佛祖显灵，会给百姓带来吉祥，铸造金佛像正是为了报答佛祖的大恩，这是一件功在千秋的大好事。"于是，各州县官吏强制性地向百姓摊派，百姓苦不堪言。徒单恭却把强征上来的钱财据为己有，根本不提铸造金佛像之事，使当地百姓怨声载道。

后来，一位朝中大臣闻知此事，就上书弹劾徒单恭说："徒单恭妄言佛学，不敬佛祖，欺骗百姓，捞取钱财，实在是胆大妄为，必当严惩。"

熙宗倍感震惊，立即下令将徒单恭革职查办。

失去官位的徒单恭，恬不知耻，仍以"高人"自居，整日与重金请来的文人墨客喝酒赏舞，不时呈上文理不通的诗文，让人点评。徒单恭对家人宣扬说："我志在东山再起，没有声望不行，现在有了贤人的雅号，还怕他日不能如愿吗？我可不是个粗人啊！"

1149年，海陵王完颜亮发动政变，杀死了熙宗，自立为帝。在举国震惊之时，徒单恭却大喜过望，因为他的女儿是海陵王的糟糠之妻，被封为皇后。徒单恭水涨船高，当上了宰相。为了显示自己的才学，他常常标新立异，对朝廷制度屡有更改。

海陵王获悉此事后，就质问徒单恭："朝廷制度是历代贤者所立，怎能擅自修改呢？你对政事并不精通，文才更不敢恭维，你这样卖弄炫耀，不怕天下人耻笑吗？"

徒单恭却毫不谦虚，说："臣为国分忧，不讲荣辱，革弊布新乃臣之职责，是有人嫉妒臣的才华，才诬陷臣，陛下不可上当。"

海陵王碍于情面，就警告说："革弊布新，此乃大事，不可草率，你以后不要再自作主张了。"

徒单恭收敛了几天后又陋习再现。他不顾多数人的反对，公开违背朝廷制度。海陵王得知细情，要治徒单恭的罪，幸亏众臣求情，才勉强饶过他。经此折腾，徒单恭大病一场，很快便一命归天。

徒单恭为了炫耀自己所谓的才学，的确费了不少心思，也闹出了不少笑话，付出了惨重的代价，甚至为此搭上一条命，他的结局足以警示后人。

可惜的是，像徒单恭这样的人不在少数。他们没有才华，却喜欢不懂装懂；或许有些小才华，却总是喜欢夸夸其谈，夸耀自己的能力。他们可能会获得一些关注或成绩，然而终究难以经受住考验。等到被戳穿的那一天，便是他身败名裂，甚至是丢掉性命的一天。

才华盖世而夸夸其谈，尚且被人鄙夷，更何况是不懂装懂、妄自尊大者呢？所以说，学会收敛，学会克制，保持谦虚和低调，这是内敛的智慧，更是立身的谋略。

谋略案例二

战国后期，秦国大举发兵赵国，赵国出动全国兵力，由廉颇率领，与秦军在长平交战。秦军来势汹汹，赵军初战失利，廉颇为了避秦军锋芒，坚守不出。秦军无可奈何，又焦急不已，因为秦军粮草不济，若是对峙久了，只能退兵。

此时赵孝成王急于求成，对廉颇拒不出战非常不满。于是，秦军使出反间计，说廉颇年老胆小，很容易对付，让人害怕的是年轻有为的赵括。赵孝成王果然中计,想要让赵括取代廉颇,率赵军和秦军作战。

赵括年少时的确很有才,也通读过很多兵书,跟随父亲打仗时,与父亲、将领谈论作战,头头是道。他自以为熟读兵书,屡屡与人争论。

蔺相如听说此事,极力劝阻,说赵括只会读一些兵书,没有领军经验,同时不知变通,如果用他代替廉颇,将给赵军带来灭顶之灾。赵括的母亲也极力劝阻,认为他不适合领军为将。

然而,赵孝成王不听,坚持让赵括做统帅。赵括也自认为熟读兵书,当赵孝成王问他如何解长平之围的时候,他表现得非常自信,在所有人面前高谈阔论之后,自信满满地接受了任命。

上任后,他立即更改了赵军的作战部署,全线出击。殊不知,他引以为傲的才华和兵法,在战场上是毫无用处的,反而因为自负、浅薄而中了秦将白起之计。

白起故意诈败,引诱赵括追击,然后截断赵军的运粮通道,将赵军围截成两段。顿时,赵军溃不成军,几十万人马全部成为俘虏,后被秦军活埋坑杀。赵括也被乱箭射死,从此赵国每况愈下,国势日衰。

赵括是十足的可笑又可悲的浅陋者。他自以为熟读兵法,于是在人前总是夸夸其谈,一般人听起来,还以为他真的有才学。

可他没有真正懂用兵之道，没有意识到自己的能力不足，最终不但害了自己，更害了无数无辜将士以及整个赵国。

所以说，自以为是、夸夸其谈是愚蠢的，不管是对他人、对自己，都有很大危害。若是为了沽名钓誉，自我夸耀、自我膨胀地去做不能胜任的事，更将酿成大祸。谦虚谨慎，该展示真才实学就展示，该低调时就低调，方不至于落得可悲下场。

第三章
勘破迷障，练就一双"火眼金睛"

打破思维固化，"出奇"方可"制胜"

谋略思维

> 循规蹈矩固然是解决问题的方法，却往往容易导致思路僵化，很难有大的突破。若是能运用智谋，出其不意，看似"花拳绣腿"，实则出奇制胜。出奇制胜，是自古人们善于运用的谋略，大凡善于出奇者，定能获得意想不到的收获。

谋略解读

这个世界上，固然有许多约定俗成的规矩，按部就班地按照规矩做事，也容易取得成功。然而，一旦你的思维僵化，只按规矩做事，且被对手掌控，便成为致命的弱点。可以说，按部就班的思维最容易暴露自己的思路，也很难摆脱束缚，不但给自己的成功增加阻力，同时更容易给对手可乘之机。

其实，任何事物都具有多面性。由于受过去经验的影响，人们容易看到熟悉的一面，而对另一面视而不见。所以，我们需要打破固化的思维，不只看这一面，而是学会看另一面、看多面。若是能做到这一点，往往就可以出人意料，让对手防不胜防。

兵家讲出奇制胜，做事、处世更讲出奇制胜。能以"奇"取胜，才是善于谋略者。

谋略案例一

战国时期，赫赫有名的燕国大将军乐毅决定率军进攻即墨城。即墨城百姓陷入惊恐不安之中，但守军中有个叫田单的人，文韬武略、足智多谋，大家就推举他为守城将军。田单分析形势认为："燕军大兵压境，我军只能处于守势。"因此，只能运用智谋取胜。他便制订了独特的作战方案。

首先，田单派人到燕国散布谣言，说："乐毅有称王称霸的野心，准备自立为王。"惠王听了倍感震惊，撤了乐毅的职，改用骑劫为统帅。

随后，田单又派人在燕军内散布："齐人最重视鼻子，因而怕被人割去鼻子，如果把齐兵俘虏的鼻子摆到阵前，必定挫伤齐国守军的锐气，也一定能攻下即墨城。"骑劫受此启发，就真的照着这样做了。结果，守城的齐兵在愤怒之下更加团结，并坚定了守城的决心。

再后来，田单又派人散布说："齐人最看重祖坟，一旦把祖坟挖掉，就等于侮辱了祖先，更会给齐国守兵造成巨大压力。"燕军随后纷纷动手掘开齐人的坟地，并且还疯狂地放火烧了齐人祖先的尸骨。齐国将士得知这一消息后，个个义愤填膺，仇恨满腔。

同时，为了彻底瓦解燕军的斗志，田单又吩咐城里的商人们把金银珠宝送给燕军的将领。等所有的准备都按计划进行以后，田单便决定反攻。田单命令士兵把城里的1000多头牛都披上五彩龙纹衣，双角绑上尖刀，尾巴上绑草浇油，然后把这些牛排列在城门洞口。半夜时分，一声令下，士兵们就点着了牛尾巴上的草，1000头牛发了疯似的冲进燕军的大营。燕军士兵们在睡梦中惊醒，看到这么多的怪兽冲进帐篷，吓得惊慌失措、屁滚尿流。

这时田单命令擂起战鼓，乘胜追击，打得燕军丢盔卸甲、狼狈逃窜。

齐军出奇制胜，随后又一鼓作气，收复了被燕国占领的70多座城池。后来，田单因战功卓著，被封为安平君。

田单在战斗中运用了一系列奇妙的战略、战术，使燕国的军队无法预料，最终取得了战争的胜利。这一切都充分显示了田单的足智多谋。若是田单只会以常规方式去应战,与燕军直接交战,结果恐怕是惨败收场。

纵观历史上以少胜多的著名战役,大多是由于统帅能打破僵化的思维,采取侧面出击、后面袭击或运用反间计等策略,从内部瓦解对手。总之,不按常理出牌,出奇兵,才使得对方无法应战。同样,在生活中,不论是做人还是做事,都不能墨守成规,改变固有思维,打通新思路,自然能想出与众不同的方法,进而迎接成功。

谋略案例二

北宋时期,南唐后主李煜派能言善辩的徐铉前来向赵匡胤进贡。虽然是来进贡,但是徐铉口才非常好,每次都滔滔不绝,辩得宋臣哑口无言,也让赵匡胤威严扫地。

这一次,徐铉又来进贡,赵匡胤想要找一个口才绝佳的大臣来接待,好在辩论上胜过徐铉,挽回大宋的颜面。可惜,朝中大臣都在徐铉面前败过阵,深知他博学多才,能言善辩,不敢接下这个差事。

赵匡胤很气恼,但是思虑之后想出一个好主意:他让人找出十名大字不识的侍卫,随机指定一个人说:"就是他了!"大臣们都迷惑不解,但谁也不敢提出异议。

很快,徐铉来到大宋,见到侍卫,以为他是朝中大臣,于是立即发起攻势,滔滔不绝地陈述了一番。然而,侍卫根本听不懂他的话，更不知道如何反驳，只好保持沉默，不住地点头。徐铉并不知情，见侍卫一句话也不说，以为他有很大的本事，在思索着谋略，说得更慷慨激昂了。但他越是高谈阔论，侍卫越是听不懂，只能应和着。

在之后的几天，不管徐铉说什么，侍卫不是保持沉默，就是简单地应和着。这样一来，徐铉就算口才再好，也没办法耍威风了。最后，徐铉的气势彻底没有了，也不再说话，灰心丧气地回了南唐。

赵匡胤用一个不识字、不会辩论的人去应对徐铉，真的是好谋略！面对能言善辩的徐铉，宋朝大臣就算口才再好，恐怕也会败下阵来。正是因为这样，李煜每次都派徐铉前来进贡，而徐铉每次都口若悬河、嚣张非常。

在无法可解的时候，赵匡胤反其道而行之，找来大字不识、听不懂徐铉话的侍卫，让徐铉的口才失去用武之地，结果自然有了惊人变化。所以说，出奇可以变不利为有利。一旦传统的方法和策略遭遇瓶颈时，不妨打破思维，不要拘泥于传统的思维模式。当对方的常规策略失效的时候，当对方摸不透你的时候，你便可以"制胜"了。

摸清对方脾气，直击人性弱点

谋略思维

> 很多时候，人们对于与人相处，或让人办事等问题束手无策。原因有很多，但关键就是不能摸透对方的脾气，缺少灵活的方法。如果能使用一些智谋，直击人性的弱点，那么便可以使其警惕大减，轻松实现自己的目的。

谋略解读

仔细观察，我们便会发现，那些善于谋略的人，都是深谙人性的人。他们懂得，人的心理世界和情感世界大多是相通的，只要摸准对方的脾气，事先了解对方的情感好恶，或投其所好，或投其所恶，便可以激发对方产生某种情感倾向和心理倾向，然后促使对方发生变化，进而让局势朝着有利于自己的方向发展。

固然，不同的人，会有不同的秉性，但万变不离其宗，只要能摸清对方的脾气，直击人性，或正话反说，反其道而行之；或通过语言或行动触及对方的自尊心和自信心，进而引起他们的愤怒、怨恨，那么你的谋略便成功了，目的也便实现了。

谋略案例一

三国时期，马超率兵攻打葭萌关的时候，诸葛亮对刘备说："我们只要有张飞和赵云两位将军，定能够对付马超。"

刘备说："子龙领兵在外，一时间回不来；翼德如今在这里，倒是可以急速派遣他去迎战。"

诸葛亮说："主公先不要说出这件事，让我来激激他。"

此时张飞已经听说马超前来攻关，因此他大叫而入，主动提出要带兵出战。

对于张飞的请战，诸葛亮故意装作没有听见，他对刘备说："马超不是凡人，智勇双全，无人可敌，除非把现在荆州的云长叫回来，只有他才能对敌。"

站在一旁的张飞听后，说道："军师何出此言，难不成小瞧我张飞？我曾经单独抵抗曹操的百万大军，如今还怕马超这个匹夫吗？"

诸葛亮说："当年你在当阳据水断桥，是因为曹操不知道虚实，若他知虚实的话，你又怎么可能安然无事呢？马超英勇无比，这一点天下人皆知，他渭桥六战，把曹操杀得割须弃袍，差一点丧了命，绝不是等闲之辈。唉，就算是云长来了，也未必能够战胜他。"

张飞急了，说道："我今天就去，如果胜不了马超，我甘当军令！"

诸葛亮用的这招"糊弄"法当时就起了作用。看到张飞暴跳如雷，他便顺水推舟地说："既然你肯立军令状，那么当然可以为先锋。"

最后，张飞和马超在葭萌关下酣战一个昼夜，两人奋战了二百二十多个回合，尽管最终并未分出胜负，但他却打掉了马超的锐气。后来，马超被诸葛亮施计说服，归顺了刘备。

张飞之所以最后能在气势上压倒马超，是因为诸葛亮对他足够了解，并针对他脾气暴躁的性格，采用了激将法，故意说其担当不了大任，激起了张飞的斗志与胜负心；又故意说他会贪杯误事，激他立下军令状，增强了他的责任感和紧迫感，扫除了他轻敌的思想。

如果诸葛亮没有采取激将法，而是按照寻常方式鼓励张飞，嘱咐张飞不要轻敌，不要喝酒误事，恐怕张飞会置若罔闻，以至于吃败仗。

事实上，激将法是很多人善于使用的谋略，因为任何人都有自尊心，你若能看穿人性，故意用言辞来刺激他，那么就会激活他的自尊心和自信心，使其潜在的积极性得到表现。当激将成功了，你的目的就实现了。

谋略案例二

春秋时期，郑武公是个足智多谋的君侯，开疆扩土，消灭胡国，使得郑国强盛起来，也为郑庄公称霸奠定了基础。郑武公伐胡，便是摸透人心，直击人性，采取了欲擒故纵的谋略。

当时胡国虽然是个小诸侯国，但是国人英勇善战、兵强马壮。郑武公知道自己贸然出兵，将使胡军顽强抵抗，自己未必能取胜。于是，郑武公先是向胡国示好，把一位美丽的公主嫁给胡国国君。

胡国国君自然欣喜万分，整日沉迷于酒色，不再专心于国事，不再强兵练武。

等到胡国国君失去上进之心，胡国朝政混乱的时候，郑武公开始进行下一步的计划。他假装召大臣们商议，攻打一个不起眼的小国。

大臣不知道他的计谋，进谏说："现在应该攻打胡国，这样不但可以扩大领土，还可以代替周朝征讨外族，巩固周朝的势力。您为什么要攻打小国呢？"

郑武公假装勃然大怒，说："郑国与胡国刚刚结下姻亲之好，怎么能轻易背信弃义？况且公主还在胡国，若是贸然攻打，岂不是让公主成了寡妇？"说完，下令处斩了那个大臣。

很快，消息传到胡国。胡国国君轻信郑武公，放松了警惕，每天只想着喝酒享乐，沉迷美色，完全将国事抛之脑后。胡国朝政大臣也纷纷效仿，沉浸在安乐太平之中，士兵们不再操练，放纵自流，作战能力大大下降。

此时，郑武公认为时机已经成熟，立即大举进攻胡国，并消灭了胡国。直到国灭之时，胡国国君才明白自己中了计，可为时晚矣。

古人云："所谓纵者，非放之也，随之，而稍松之耳。"这便是"欲擒故纵"的谋略。

郑武公是深谙人性、操纵人性的高手，他明白胡国国君始终采取敌对、防备的心态对待自己，胡国军队也是严阵以待。若是郑国直接发兵攻打，那么从国君到士兵会同仇敌忾，保持高昂的斗志。

正因为这样，他先是示好，让胡国国君放松警惕；又是使用美人计，让胡国国君逐渐堕落、放纵；最后，斩杀劝自己攻打胡国的大臣，彻底消除其戒备心。

其实，这种采用欲擒故纵的谋略取得成功的案例比比皆是。正是因为使用这种谋略的人能聪明地摸透对方的秉性、心思，能直击人性的弱点，所以总能屡试不爽。

因此，想要避免正面冲突，不妨先摸准对方"命门"，使其放松警惕，等到时机成熟再行动。这一纵一擒，使用得恰到好处，便能轻松达到自己的目的。

看似光明正大，实则处心积虑

谋略思维

有些事情看似在情理中，可真若这么理解的话，显然就低估了运作者的智商。因为这看似"光明正大"、顺理成章的举动，原本就是所有链条中精心策划的一个环节。

谋略解读

世界之大，无奇不有。有些事情，原本就是虚拟杜撰、空穴来风，可往往被人传得活灵活现、云里雾里，其真真假假，确实让人难以识别。当然，还有一些更为高明的手段，往往采用冠冕堂皇的理由，甚至大张旗鼓、摇旗呐喊，旨在广造声势、请君入瓮。可是总有一些不明就里者，走入陷阱而浑然不知，原因就是这些陷阱实在无懈可击，乃至有些人被卖掉还帮着数钱，直到光环退却才大呼上当，但已悔之晚矣，木已成舟。

其实，上当者不是缺少防范的意识，而是被所谓的"光明正大"所震慑，因而对事情失去了正确的判断，就这样，在不知不觉中上了"贼船"。往往经过一番惊心动魄的折腾之后，事情才逐渐明朗，原来这根本不是光明正大之举，只不过是别人针对他量身定做、精心设计的一场骗局。

谋成功、成大事者，在使用计谋时，绝不能拘泥于"阴谋"。阴谋固然隐蔽性强，能为自己创造以弱胜强的机会，但"阳谋"有些时候能产生比阴谋更好的效果，越是光明正大，对方就越是捉摸不透，越是容易按照你的节奏掉进陷阱。

谋略案例

夏朝统治者夏桀骄奢淫逸、暴虐无道，对百姓和诸侯国进行了惨无人道的压榨和奴役。商国统治者汤打算灭掉暴虐的夏桀，于是将都城迁到亳。

迁至亳之后，汤对内宽以待民，为民谋利，获得了百姓的拥护和支持；在对外关系上，为了争取更多的诸侯国反夏，非常注意拉拢邻国，葛国是他第一个争取的对象。

葛国是亳西面的一个诸侯国，它的首领葛伯是一个忠于夏桀的奴隶主，不关心人民生产，只知道享乐，就连当时作为国家大事的祭祀都不愿举行。汤得知葛伯已有很长时间没有举行过祭祀，就派了使者前去询问原因。

葛伯知道汤这是为了拉拢他，于是借机对使者说："我们不是不懂得祭祀的重要，只是每次祭祀都要用许多牛羊，我们现在没有牛羊，拿什么祭祀呢？"

于是，商使就把葛伯的话汇报给了汤。汤听完使者的报告，立即派人挑选了一群肥大的牛羊给葛伯送去。葛伯见汤相信他的谎言，居然得到了不少牛羊，就将牛羊全部杀来吃了，仍然不祭祀。

汤得知葛伯还没有祭祀，再次派使者向葛伯询问："既然有了牛羊，为什么还不祭祀呢？"葛伯又说："我们的田种不出来粮食，没有酒饭做贡品，当然举行不了祭祀。"

于是，汤就派亳地的人前往葛地帮助种庄稼，酒饭也由亳人自己送。但每次送饭，葛伯就派人在葛地将酒饭抢走，并且还杀死不听话的人。

由此，汤意识到葛伯是死心塌地地与商为敌，不能再用援助的办法来争取，就亲自率兵到葛国把葛伯杀了。因为葛伯不仁，所以诸侯中不但没有人反对汤灭葛的行动，还指责葛伯咎由自取。有的诸侯国、方国的人民怨恨夏桀的暴虐，盼望汤前去征伐，还有一些诸侯国、方国自愿归顺汤。这样，汤从伐葛国开始，逐步剪除夏的羽翼，削弱夏桀的势力，汤十一次征伐而天下无敌。

由于夏桀众叛亲离，灭夏的时机终于成熟，汤决定大举进攻。他召来将士，发布了战前动员令。将士也希望夏桀早早灭亡，所以在作战中表现非常勇敢。在鸣条一战中，夏桀的军队被商打败。最后，夏桀逃到南巢，汤追到那里，把他流放在南巢，直到他死去。

赶走夏桀后，汤继续肃清夏朝的残余势力，建立了我国历史上第二个奴隶制国家——商朝。

汤的做法就是光明正大的阳谋，如果葛伯肯遵从汤的要求，得到汤的帮助后进行祭祀，那就说明葛国愿意成为汤的盟友，一旦背叛，就会被其他诸侯国指责。如果葛伯不肯遵从汤的要求，那就说明葛伯始终站在夏的那一边。结果，汤不仅看清了葛国的立场，在进攻葛国的时候也师出有名，获得了其他诸侯国的认可。通过光明正大的阳谋，他达成了一箭双雕的目的。

这样的智慧我们同样可以利用，特别是在需要得到其他人支持、树立自身形象的时候。一场策划好的"光明正大"不仅能让你站上道德的制高点，也免去了许多后顾之忧。不管是成功还是失败，他人对你的观感都不会太差，想要获得更多的支持也会容易许多。得道者多助，失道者寡助。想谋取成功，显然当得道者更加容易。

一切的骗局，都是建立在人性之上

谋略思维

"欺骗"是古代谋略中很常见的一个，甚至不少将领将兵不厌诈挂在嘴边，时时刻刻准备打造骗局。一旦落入骗局，就有可能将我们努力的结果拱手让人，为他人作嫁衣。那么，如何规避骗局呢？重点在于洞悉人性，保持理性。

谋略解读

俗话说得好，害人之心不可有，防人之心不可无。只有了解了骗局的运作方式，才能避免落入骗局之中。骗局的本质是让人相信假的东西是真的，不存在的东西是存在的，不可能的事情是可能的。

那些落入骗局的人，往往是因为人性中的弱点被利用了。性格冲动的人，容易落入以其亲属为核心制造的骗局。性格懦弱的人，容易落入以威慑、恐吓为手段设计的骗局。性格贪婪、具有侥幸心理的人，则容易因为金钱、权力或者其他想要的东西而落入骗局。

这些弱点在大部分人身上存在，因为这是人性中不可分割的部分。这些弱点的最大敌人，就是理性。假的不管多像真的，都不是天衣无缝、无懈可击的。不被情感冲昏头脑，用理性去分析骗局中的种种细节，就能轻易戳穿骗局。

谋成功、成大事者，往往能在保持理性的同时洞悉人性，利用对方的骗局反将一军，击溃对手。

谋略案例

东汉末年，曹操统一北方后，点起八十万大军挥师南下。江东孙权在鲁肃的建议下，与刘备结成联盟。孙刘联盟与曹操在赤壁隔岸相望，大战一触即发。

谋士蒋干与东吴大都督周瑜是同窗，便向曹操毛遂自荐，要前往东吴劝降孙权。曹操大喜，亲自为蒋干设宴送行。

周瑜听闻蒋干来访，马上明白蒋干是来为曹操做说客，要骗他投降。他眉头一皱，心生一计，带着东吴众将出门迎接。见到蒋干，周瑜表现得十分热情，并设下酒宴，让众将作陪，好生款待这位昔日同窗。

为避免蒋干提前离开，周瑜在宴席上放话："我与蒋干是同窗好友，他虽然从江北而来，却不是曹操的说客，各位不要怀疑。今日酒宴之上，只叙旧，不谈战事。谁要敢提战事，马上斩首！"蒋干吓得面如土色，哪里还敢提劝降的事。

宴席结束，周瑜喝得酩酊大醉。蒋干将周瑜扶回营帐，周瑜却不放他走，直说二人许久未见，今日定要同榻而眠。蒋干因为没能完成任务焦急不堪，哪里睡得着……等周瑜鼾声如雷，他就偷偷起身，翻看周瑜桌上的文书。翻着翻着，一封书信引起了他的注意。

这封书信是曹操水军都督蔡瑁、张允写给周瑜的投降书。蒋干看后大惊失色，赶紧将书信藏进怀里，还要翻看其他文书时，听到周瑜在说梦话："蒋干，我几天之后就能让你看见曹操的脑袋。"

第二天，蒋干赶回曹营，将书信拿给曹操。曹操看后勃然大怒，当即将蔡瑁、张允斩首。等到曹操醒悟过来时，他才发现麾下已经没了擅长水战的将领，自己这是中了周瑜的计中计。

曹操要蒋干接近周瑜，显然是包藏祸心的。周瑜是东吴大都督，哪里是那么容易就会投降的？让蒋干一试，即便不能成功，也能因为两人这次会面让孙权心生怀疑，动摇东吴军心。这一招反间计却被周瑜当场识破，在酒宴之上，根本不给蒋干说话的机会，反间计也就无法实施了。单单堵住蒋干的嘴周瑜还不满意，他借助一封假的投降信，也使了一招反间计，让曹操杀死蔡瑁、张允，除掉了两个心腹大患。

将计就计显然是收益巨大的，使用了对方的资源，得到好处的却是自己。但真正要识破对手的骗局，并将其利用起来，必须对人性有所了解。

对手布置骗局，是打算利用我们人性中的弱点。那么，这些弱点是否存在于对方的人性中呢？答案是肯定的。在布置骗局的过程中，布局者往往会将弱点暴露在我们面前，如果我们加以利用，不仅能看破骗局，还能有所收获。

守住本心,自然能抵御一切诱惑

谋略思维

每个人都有自己喜欢的东西,有自己的爱好,因此,在成功的路上难免会遇到一些诱惑。有的诱惑只是路边的风景,而有的诱惑背后却隐藏着让你万劫不复的陷阱。如何抵抗诱惑呢?守住本心,自然能抵御一切诱惑。

谋略解读

愿景越是宏大,通往愿景的那条道路就越是漫长、荆棘丛生。在这条路上,我们会遇到对手,遇到朋友,遇到阻碍,遇到诱惑。诱惑是最难战胜的,因为诱惑往往不以敌人的形象出现。它总是打扮得十分美丽,表现得人畜无害,让你觉得偶尔偏离一次正确的道路也不会有什么危险。正是这样的想法,让许多已经走上成功道路的人功亏一篑。想要抵抗诱惑,最重要的就是守住本心。

什么是本心?本心就是我们的目标,是制订好的计划,是对自己的承诺。如果没能守住本心,就只能迷失在道路上。比迷失更加可怕的是,对手会利用诱惑将你引诱到一条人迹罕至的羊肠小道上，趁你暴露脆弱的一面时，给你以致命一击。

那些想要获得成功的人，眼里就只有自己的目标，任何诱惑都无法动摇他们实现目标的本心。走最近、最正确的那条路，才是成功的基础。

谋略案例

巴蜀地区有巴、蜀、苴三个小国和一些部落，秦国一直想把自己的版图扩大到这一地区。大河从巴蜀流入楚国，它是一条非常便捷的水道。《华阳国志》记载，得蜀则得楚，楚亡则天下并矣。因此，兼并巴蜀对秦国一统天下意义重大。

通往蜀国的道路地势险要，又很狭窄，可谓一夫当关，万夫莫开。如果秦国强行攻蜀，凭借地势优势，蜀国则能轻易进行防守。于是，秦惠王就想出一招，用诱惑来动摇蜀国的防守。

秦惠王命人雕刻了五头巨大的石牛，对外谎称这五条石牛是神牛，每天都能拉出许多黄金。为了证明事情的真实性，他还命人每天都在牛屁股后面放一堆黄金。谣言的威力并不大，黄金的诱惑却是实实在在的。蜀君知道这件事情后，马上就派出使者，前往秦国索要神牛。

蜀军想要神牛，正中秦惠王下怀。他故作为难，告知蜀国使者，两国之间的道路实在狭窄，神牛根本无法通过。使者立即回到蜀国,将这番话禀报了蜀君。

蜀君大喜过望,命令他的五个大力士率领民众修筑通往秦国的道路,遇到悬崖就修建栈道,遇到河流就架设桥梁。就这样,蜀国以举国之力修通了这条通往秦国的路。为了将神牛运回蜀国,桥梁修得十分坚固,栈道也极具承重能力。在运送神牛的过程中,蜀君的五个大力士死了四个。神牛运回去后,蜀王发现自己被骗了,但他也无可奈何。他修通的路,暂时成了秦蜀贸易和往来之路,被称为"金牛道"。秦国的商人,当然也不乏间谍,经常往来于这条路。

有了这条路,剩下的事情就顺理成章了。不久,秦惠王命令张仪、司马错、都尉墨等人率秦国大军走"金牛道"攻蜀。

蜀君得知消息后,惊慌失措,亲自率领军队到葭萌(今四川剑阁东北)进行抵御。但蜀军哪是秦军的对手,他们被秦国的锐士杀得大败,蜀君在逃亡的路上被秦军所杀。就这样,蜀灭亡了。

"烧掉剑阁七百里,蜀中别是一洞天",这句话说明蜀地究竟有多么易守难攻。只要掌控住剑阁,蜀中就能成为隔绝世界的小国家。秦惠王想要掌控蜀地,从外部动手几乎不可能成功,只有使用谋略,从内部瓦解敌人。几头"神牛"让蜀君忘记本心,黄金的诱惑让他将抵御秦国的有利"地势"抛在脑后，身死国灭，也是理所当然的结果。

善于谋略的人都知道，不管遇到的诱惑有多大，都不可能大过心中的目标。因为诱惑而忘却本心，忘却本来的目的，何其愚昧。在生活中我们也要时时注意，不要因为禁不住诱惑做了不该做的事，拿了不该拿的东西，轻则因为浪费资源错失良机，重则落入敌人的陷阱，连立锥之地都难以保留。

权衡

中篇

第四章
屈辱不过淬砺，踏过便是巅峰

羞辱伤人一时，冲动毁人一世

谋略思维

地位的悬殊、误会的存在，都可能导致侮辱欺凌现象的发生，也势必会让人心灵和自尊遭受伤害。但人的生命只有一次，因为忍耐不了羞辱而冲动行事，可能毁掉自己的一生。没了宝贵的生命，可就什么都做不了了。忍一时的羞辱，化悲愤为力量，才是成就大事的大智慧。

谋略解读

人虽然是相对理性的高级动物，但有时也会因为某种原因而情绪失控，甚至是"愤怒"，进而将这种"愤怒"转向和他有过接触的人，轻则破口大骂，重则大打出手。突然遭遇暴风骤雨式的凌辱，是最让人愤怒的事情，如果针尖对麦芒，情绪的大火势必会在瞬间点燃。双方有可能因此势不两立、成为路人，甚至会发生激烈的肢体碰撞，轻则伤筋动骨，重则两败俱伤。

世界上永远没有绝对的公平，遭遇欺压、不公平是不可避免的。想要避免这一切，最好的办法就是掌控自己的情绪，而不是用冲动的方式来毁掉自己。因为此时即便想要采取极端行为来表达内心的愤怒，也只会被他人贴上"气量小""不理智"的标签。

真正的智者，往往都擅于制怒。他们绝不会让愤怒牵着自己的鼻子走，这使得他们时刻能够保持理智，做出正确的抉择。侮辱虽然伤人，但它并不致命，所以不必把它看得太重。人生有许多精彩可以欣赏，侮辱只不过是成长过程中的浪花。无论在什么状态下，都要学会控制情绪、理性思考，若是忍不住而大怒，很可能陷入冲动和蛮干的困境，这才是真正的自我毁灭。

谋略案例一

南宋末年，蒙古大军攻克了德安城，采取疯狂的屠城政策，几十万人惨遭杀戮。当时，由于蒙古急需儒生、僧人、医生等人才，因此对不少读书人网开一面。赵复是其中之一，虽然保全了性命，但却被蒙古军俘虏了。

赵复是个性格刚烈的人，他无法容忍蒙古军队的暴行，更不甘心做俘虏，只求一死，就对押解他的蒙古士兵大骂。蒙古士兵也愤怒至极，想一刀了结他的性命。

和赵复一同被俘的中年道士劝他："生命只有一次，你应当加倍珍惜才对。你不思为国报仇，却只图口舌之快，就是死了也一文不值。你若为国家考虑，就必须冷静下来，等待机会报国。"

可赵复却道："我所有的亲人都死于敌人之手，可我手无缚鸡之力，大仇不报，有何脸面活在世上？与其在这活着受辱，还不如一死了之。"

蒙古官员姚枢奉命寻找儒生，他得知赵复求死之事后，急忙赶过来见他。可一见面，赵复便破口大骂。姚枢非常冷静，等赵复骂得筋疲力尽，才开口说话："你的愤怒只会加速你的死亡，除此之外没有任何用处。"

赵复忍住怒气说："我不想苟且偷生，死算什么？"

姚枢叹气，遗憾地说："难道你日夜苦读，就是为了快速死去，如果就这样死了，岂不是太窝囊？男子汉大丈夫讲究学有所用，实现抱负，可你现在一事无成，却因为愤怒而轻生，是不是太糊涂？"姚枢说完，转身离去。

赵复辗转反侧，思索一夜。

次日，姚枢又过来和赵复谈话。他对赵复的情况深表同情，说："生在兵荒马乱的年代，是我等的不幸，以个人的微薄之力怎能改变这样的局面呢？既然狼烟四起、诸侯称霸，有志向的人应该放弃个人所受的侮辱，不要让一时的怒火冲昏头脑，能屈能伸者为大丈夫，识时务者为俊杰，做番大事才不枉读书一场。如今宋国将亡，是历史潮流，你为什么不能放下个人恩怨，以治学造福，为百姓办善事呢？"赵复终于被触动，大哭道："我白白地读了那么多诗书，既不能报国，也不能救家，你不要再枉费心机安慰我了！"

姚枢怜惜赵复的才能，怕他自杀，晚上便把他安排在自己的帐篷里住下。深夜，赵复悄悄溜出，想投水自尽。姚枢再次阻止了他，大声说道："自杀是懦夫的行为，如果我是你，绝不会死得这样不明不白、窝窝囊囊。你这样做和莽汉有什么区别呢？你的雄才大略，应当传诸后世啊！"

赵复这才顿然醒悟，放弃了自杀的念头，跟着姚枢来到北方。姚枢非常尊重他，并经常虚心向其讨教。

有些人对姚枢如此善待俘虏颇有微词，说："你是朝廷高官，赵复只不过是个宋国书生，可你对他却礼遇有加，是不是太抬举他了？如今是靠武力称霸天下的，赵复的学问又有什么用处呢？"

姚枢立刻反驳道："这你就不懂了，武力只能称雄一时，学问才是长久的治国韬略。我国目前缺少的就是像赵复这样有学问的人，怎能不敬重赵复这样的人呢？"

赵复毕竟有着知识分子的清高，不想为蒙古人效力，朝廷为了显示威严，想要惩罚他。姚枢为其求情说："赵复人才难得,让其做官不如让他讲授学问更为合适。赵复曾付出很大努力才放弃死的念头,我们不能再逼迫他了。"

于是,朝廷接受了姚枢的建议,并建立了太极书院,由赵复传道授业、传经布道。后来,赵复的弟子越来越多,赵复的心也逐渐安稳。一日,姚枢前来探望赵复,只见赵复精神饱满,欣喜地说:"你的才学终于为天下人造福了,相信不久的将来,你便可以桃李满天下了。"

赵复向姚枢深鞠一躬,感慨道:"我有今日,全仰仗大人提醒,如果当初不是大人当头棒喝,怒火攻心的我早就死了,哪里会有今天的收获呢?我能传道授业,不枉为人一场,多谢大人的鼎力相助。"

后来,赵复育人无数,被人们尊称"江汉先生"。

赵复在众人的开导下,终于忍受了国破家亡的耻辱,成为一代鸿儒。

气量不能当力量用,如果赵复没能想通这一点,跟蒙古官员玉石俱焚,又能对铁蹄下的祖家有什么帮助呢?不如留待有用之身,教书育人,不仅为百姓、为天下人造福,更是通过这种传承为已经破碎的家国保留一点色彩。

人在生活中随时都可能遭遇不测,但是如果为了气节而"引颈一刀为快"的话,可能逞了一时之勇,变为不必要的牺牲品。只有在生活中找准位置的人,才能抗击凌辱,做出成就。

谋略案例二

汉高祖刘邦留居沛县的时候，地方上有两派有势力的人物。一派是刘邦、萧何、曹参等小吏，史称"豪吏"；另一派是家有资产、有一定号召力、能结团成伙的王陵与雍齿等人，史称"豪强"。

刘邦和雍齿是同乡好友，从小一起长大，但是雍齿为人卑鄙。两派人彼此轻薄，但是，由于刘邦和雍齿的交情，也只是面和心不和，皆守井水不犯河水之道，并无冲突。

刘邦被拥立为"沛公"后，聚兵两三千，进行反秦，这也算是一支不小的武装。于是，他率军北上，攻打今山东鱼台县附近的胡陵、方与县的秦军，继而杀泗水"郡监"与"郡守"。虽然旗开得胜，但刘邦却引发了一次严重的政治危机。为了团结"豪强"们共同反秦，刘邦倾巢出动，派长期与之格格不入的"县豪"雍齿留守根据地丰邑。

这本是无可厚非的大度之举，是推心置腹的展示，是毫无设防、没有心计的坦诚，明知对方反对，却予以重用。这是常人无法做到的，可是刘邦做到了。但是，当刘邦带领大军凯旋时，他万万没有想到的是，雍齿叛变了。他接受了魏王咎的封侯之赏，投靠魏国，并替魏国守城，魏王也派重兵在此把守。

丰邑是刘邦的出生地，祖坟所在，父母妻儿所在！这犹如请客入门，反被客人一脚踹出家门，他有家不能归，于是挥兵攻打丰邑，但是失败了。这对于刘邦来说，无疑是一个毁灭性的打击。他为此大病一场，之后不得不移兵沛县。为了出这口恶气，他投奔自立为楚王的景驹，打算借兵杀敌，但是依旧以失败告终。刘邦对雍齿更加恨之入骨。

正当他想再找景驹借兵时，消息传来，项梁已经消灭了楚王景驹。幸好刘邦早已离开景驹，没敢去借兵，否则他有可能被项梁全歼。在乱战的结果下，历史恐怕是另一番景象。此时，项梁的人马已有十万，属于楚国一支最大的武装。

刘邦又去投奔项梁。这时，张良也带了百余"少年"去投奔景驹，这两支百余人的队伍在留县相遇。刘邦问明张良的去向后，邀他同去项梁处。就这样，刘邦和张良成了患难兄弟。

项梁十分欣赏这位有官不做、敢于纵囚、虽长于他，却毕恭毕敬、还算憨厚的半老头刘邦，于是立即拨兵五千支援刘邦。这使刘邦的兵力增至一万四千人。刘邦大举进攻丰邑，大胜而归，把雍齿赶到了魏国。

刘邦战胜雍齿后，第一步应该是论功行赏，但是封了二十九人后就没动静了。剩下一部分有战功的人愤愤不平，还有一部分人之前是刘邦的对头，开始害怕他做了皇帝就报复他们。

一天，刘邦与张良在雒阳南宫的天桥上望见许多将领坐在沙地中，交头接耳。刘邦问张良："他们在谈些什么呀？"

张良问："难道陛下不知道吗？这些人在密谋造反！"

刘邦听了这个回答非常惊讶，他说："天下刚安定，为什么要造反？"

张良说："陛下封了二十九个人，可他们没有得到任何赏赐，何况还有部分曾经是您的仇人，害怕被您杀害。所以，他们想团结起来造反。"刘邦听了这话非常震惊。

没过多少日子，出人意料的是，刘邦召回了在魏国的雍齿并封为侯。众人一看，连皇帝最憎恨的雍齿都被封了侯，那么他们得到嘉赏只是早晚的问题，那些曾经是刘邦劲敌的人也消除了他们的担忧。这样，一场谋反不灭自亡。

其实，刘邦不杀雍齿已属不易，但是他看在以往的情分上还是饶恕了他。之后，为了平定江山，他又咬牙放下与雍齿的恩怨，决意封他为侯。可见，在大局面前，刘邦还是非常能忍的，不愧为一国之君。

忍一时羞辱，固然难过，但冲动起来，眼下好不容易得来的大好局面就要完全葬送。胸怀天下的人，该怎样选择，不言而喻。

忍得了羞辱，才能撑得起成功

谋略思维

> 弱小其实不可怕，可怕的是不能够忍受弱小。心怀天下者，都能够忍受暂时的弱小，并暗自积蓄能量，争得日后的强大。

谋略解读

任何事情要做大做强，必须经历弱小的阶段。当身处弱势的时候，需要的就是在忍中蓄势，而不是长吁短叹或是冒险激进。只有这样，才能等到时势发生变化时利用积蓄的力量争得主动，变得强大。对于很多人而言，暂时的忍耐并不难，但若是一忍再忍就不那么容易了，他们会变得焦躁不安，甚至自暴自弃。

小不忍，则乱大谋，这句话向来是劝人切勿急躁的忠告，心机者更将其作为告诫自己的座右铭。一旦他们想要成就一番大事业，就会让自己坚持练"忍"功。他们有一忍再忍的胸襟雅量，忍受得住一次又一次的困苦，进而让自己站稳脚跟。有大志向的人，怎么可能将宝贵的时间放在纠结于其他事情上呢？单单要实现自己宏大的目标，还嫌时间不够呢。

谋略案例

楚汉相争时,刘邦的势力远不及项羽,吃败仗简直成了家常便饭。

公元前203年,刘邦被楚霸王项羽围困在荥阳,左冲右突而不得出。此时,刘邦的大将韩信亲自统领兵马,北上作战,屡战屡胜,连续攻克魏、赵、燕等诸王国,最后占领齐国全境。同年五月,韩信以功自居,派使者来见刘邦,请求刘邦立即封他为齐王,其理由是方便镇抚齐地。刘邦听了韩信的要求后,火冒三丈,眼下大敌当前,连他自己都不知道何时能够突围,而韩信却在此时要官,这与"趁火打劫"有何差异,显然是胁迫要权!于是,刘邦破口大骂:"我兵困荥阳,天天盼望你韩信带兵增援,你倒好,不但不来,反要自立为王……"

这时候,刘邦感到有人踩他的脚。他正想发火,却看到是张良在向他示意,于是便止住话头。张良靠近刘邦小声说:"主公,现在韩信手握重兵,右投则大王胜,左投则项羽胜。对于他提出的要求,您可要慎重考虑。"

刘邦向来以性格坚忍著称,经过一番权衡,他立刻明白了事情的利害关系。刘邦强压怒火,立刻派张良为使节,带着印绶去齐地,加封韩信为齐王,并征调了韩信的军队。由于韩信的增援,战争形势很快发生逆转:汉军由劣势转变为优势，逐渐形成对楚的包围之势。

经过几年激战，刘邦凭借日趋强大的军队终于在垓下将楚军全歼，取得了战争的最后胜利，建立了政权。后来，韩信也没得善终。

面对韩信的政治敲诈，刘邦实在难以咽下这口气。然而，在张良的提示下，刘邦却采取了忍的策略。正是他这种难忍之忍的作为，最终改变历史的格局，否则，这段历史很有可能改写。

刘邦的目标是称霸天下，韩信想要的不过是齐王而已。只要能安抚韩信，忍一时之气，就能保证局势稳定。用一时的忍耐换取成功，这就是忍耐的力量，是成功者必备的素质。

忍耐，是成功者必备的技能，是智者会做出的选择。学会忍耐，不仅能修身养性，培养情操，更能保证面对任何情况都能头脑清醒。

能屈能伸大丈夫，舍小取大真豪杰

谋略思维

> 古人云：能屈能伸大丈夫。在人生经历中，忍辱是一门不可或缺的功夫，只有能够忍受委屈乃至侮辱的人，才有可能成就大业。

谋略解读

古今中外，几乎所有的成功者都有不同程度的"忍辱"经历，因而对"忍为高"这句话有更深的理解。事实上，只有那些能克己忍让的人，才能够在不断忍辱中蓄积力量，思考应对之策，逐步成为有雄才大略的人。

忍是医治磨难的良方，也是最好的自救方式。忍一时之疑，也有助于摆脱被动局面，同时是对意志、毅力的磨炼。这样不但可以锻炼自己的心理素质，而且为日后的事业有成奠定坚实的基础。

青梅煮酒时，曹操这样形容龙："龙能大能小，能升能隐，大则兴云吐雾，小则隐介藏形，升则飞腾于宇宙之间，隐则潜伏于波涛之内。方今春深，龙乘时变化，犹人得志而纵横四海。"

如果没有足够的气量，只能尽力展示自己的"大"，却不懂"隐介藏形"的办法，又如何能成为人中龙凤呢？

谋略案例一

家喻户晓、妇孺皆知的西汉名将韩信武功盖世，称雄一时。但当他还是平民百姓时，贫困潦倒，没有做官的机会，又不懂经商之道，难以谋生，只好寄人篱下，沿街乞讨。

一天，韩信正在街上闲逛，突然迎面走来一个宰猪的屠夫，他看不起韩信这副寒酸迂腐的书生相，嘲笑他是"漂母食"，并且从腰间抽出一把菜刀，扔在韩信的面前，说："韩信，你要是不怕死，就用菜刀来砍我，要是怕死，就从我的裤裆里钻过去！"说着，他双手抱胸，双脚叉开，趾高气扬地看着韩信。

韩信一听，猜到对方是故意找茬，他心里很是气愤，但认真地打量着牛高马大的屠夫，想想自己形单影只，硬拼肯定吃亏，便弯腰趴地，从屠夫胯下钻了过去。

顿时，屠夫得意地狂笑起来，满街的人也跟着嘲笑起来。"看，韩信像小狗一样钻狗洞，真是一个胆小怕事的人，将来肯定不会成就大事业！"韩信低着头，一声不吭地从人群中走了出去。

后来，韩信忍气吞声，闭门苦读，学得一身兵法，军事才能无人能及，得到汉王刘邦的重用，拜封为大将军。在反抗秦王朝统治的大起义中，韩信统领全军，争夺天下，立下了汗马功劳，威名远扬。

韩信不逞一时之勇，而是忍辱负重，不把自己的生命浪费在无足轻重的决斗上，虽然吃了眼前亏，蒙受了奇耻大辱，但他能自强自新，最终成为领兵百万的大将军，所向披靡，战无不胜，为汉政权四百余年的基业立下汗马功劳，名垂千古。

无谓的自尊是人们成功道路上的绊脚石，活得轰轰烈烈固然能成为人们羡慕的对象，但在旁羡慕的人为什么不肯这样做呢？因为他们有更重要的东西需要得到。

相比之下，受点羞辱不过是小事。越是要做大事，就越要有衡量大小的智慧。当你的情绪能让你得到更多利益的时候，为什么不能忍一忍呢？

谋略案例二

商朝末年，商纣王荒淫无度，滥杀忠良。西伯侯姬昌施仁政，天下归心，百姓和一些小诸侯纷纷投靠。纣王听信谗言，将姬昌召到朝歌囚禁起来。姬昌的长子伯邑考为了营救父亲，来到朝歌做人质，成为纣王的马夫。

姬昌在狱中无所事事，便用生长在监狱中的蓍草来占卜。一段时间后，他居然在伏羲八卦的基础上推算出六十四卦。姬昌将其记录下来，写成如今的《周易》。

姬昌在狱中作《周易》的事，很快便被传进朝内。纣王知道这个消息后，惊讶之余还有些半信半疑。为了检验姬昌是不是圣人，能不能知过去、测未来，纣王想出了一个恶毒的主意。他将姬昌长子伯邑考杀死，用他的肉做成肉羹，然后派人把肉羹送给姬昌吃。如果他吃这肉，就说明他是一个凡夫俗子，如果不吃，就说明他确实有着自己的才能。

姬昌以和蔼、慈祥赢得人们的赞扬和尊重，看到肉羹，立马知道这是用亲人的肉烹制的。但是如果不吃下这肉羹，纣王一定会为此起疑心。最后，姬昌忍着悲痛，含着眼泪，勉强将肉羹吃了下去。纣王听了下人的汇报，便冷笑般地嘲弄说："圣人应该不愿意吃自己儿子的肉，喝儿子的肉煮成的羹都不知道，谁说他是圣人呢？"于是便放松了对姬昌的警惕。

姬昌回到西岐后，发展农业，推行教化，短短数年就将西岐发展成一个强大的国家。随后，他又征伐那些依附于商、甘愿为虎作伥的小国。他的儿子周武王姬发，在他打下的坚实基础上，推翻了暴虐的纣王，建立了周朝。

老年丧子乃是人生大不幸，儿子被做成肉羹还要求自己吃掉，更是过不去的羞辱、解不开的仇恨。在这种情况下，姬昌都能不动声色地忍耐下来，可谓将"屈"做到了极致。但真正的大丈夫，不仅要能屈，更要能伸。接下来，姬昌行富国强兵之策，剪除暴商羽翼，就是"伸"了。虽然姬昌寿数不足，没能亲眼看见商朝毁灭，但他的儿子摧毁了商朝，建立了周朝，并将他奉为祖皇帝，可见大事成矣！

或许古今人已有大不同，但本质上从未变过，能屈能伸，忍辱负重，依旧是成功者必备的素质。屈以存身，伸以全志，万万不可忘记。

委曲求全，善忍方能成大事

谋略思维

有人总爱把"委曲求全"视作一种懦弱行为，这实在是对懦弱的一种误解，它其实是一种舍小求大的智慧。要实现的目标，就是成功道路上的尽善尽美。求全，不就是这个意思吗？如果受一点委屈就能达成"求全"这一目的，那也太值了。

谋略解读

古往今来，大多数的成功，无不是曲径通幽、卧薪尝胆、委曲求全的结果，因为要想干出一番轰轰烈烈的事业，不可能总是一帆风顺，总会遭遇这样或者那样的坎坷与磨难。

仅凭自己的力量，恐怕难以排除所有的阻碍。况且，你的目标越大，遇到的阻力就越大。想要排除阻碍，就需要更大的力量。受的委屈越大，身段放得越低，自然越能引起他人的同情。这虽然看起来很懦弱，会有不怀好意者嘲讽、刁难，但既能获得实在的利益，又能趁机迷惑对手，何乐而不为呢？一箭双雕，才是真正的智慧。

谋略案例

庄王九年，楚庄王任命若敖氏做丞相。朝中有不少人不服气，在楚庄王面前说若敖氏的坏话。若敖氏担心楚庄王信以为真，居然引发叛乱，攻击楚庄王。楚庄王马上出兵，将若敖氏灭族。

平定叛乱之后，楚庄王大摆酒宴，招待群臣，宠姬嫔妃也统统出席助兴，欢庆胜利，名曰"太平宴"。

这天，席间丝竹声响，轻歌曼舞，美酒佳肴，觥筹交错。酒宴开始，楚庄王兴致很高，说："我已六年没有击鼓欢乐了，今日平定作乱奸臣，破例大家欢乐一天，朝中文武官员，均来赴宴畅饮。"

于是，满朝文武与楚庄王欢歌达旦，直到黄昏仍未尽兴。楚庄王乃命人点烛夜宴，继续欢饮，还特别叫宠爱的两位美人许姬和麦姬轮流向文臣武将们敬酒。

两位美人向大臣们敬酒之时，忽然一阵大风将灯烛吹灭。有人此时已经喝醉，居然趁着灯烛全灭，没有光亮的时候，偷偷拉住许姬的衣袖。许姬大惊失色，奋力挣脱后，还扯下了那人帽子上的系缨。

许姬拿着系缨，来到楚庄王面前哭诉，说大臣之中有人趁着烛火熄灭时拉住她的袖子，意图不轨，她手中的系缨就是刚才扯下来的，现在只要点燃蜡烛，就能知道是谁。

楚庄王沉吟片刻，对许姬说："是我赏下酒宴招待群臣的，他们酒后失礼是我的过错。"随后，他告知随从不要点亮蜡烛，今日大家要开怀畅饮，扯断系缨才算尽兴，没扯断的要被罚酒。群臣听后，纷纷解下系缨，放下拘谨。到了这个时候，楚庄王才命令侍从点燃蜡烛。他的所作所为，巧妙地帮扯住许姬衣袖的人遮掩了过去。

七年之后，周定王十年（前597年），楚庄王兴兵伐郑，前部主帅襄老的副将唐狡，自告奋勇带百余名士卒做开路先锋。唐狡与众士卒奋力作战，以死相拼，终于杀出一条血路，使后续部队兵不血刃地杀到郑都。

唐狡立下大功，楚庄王自然要重重赏赐。没想到，唐狡面露愧色，推辞了楚庄王的好意。楚庄王询问原因后才知道，当年那个扯住许姬衣袖的大臣，正是唐狡。伐郑时他以死相搏，是为了报答楚庄王当年的恩情。

君王的爱姬被臣子调戏，这对于君王来说无疑是奇耻大辱，但楚庄王却能顾全大局，忍下耻辱，为臣子开脱。可见，作为春秋五霸之一，他有多么宽广的心胸。正是因为七年前的忍辱，才得到七年后猛将唐狡的视死如归。在满朝文武中，还有多少大臣会因为这样的事情愿意为楚庄王献出生命呢？或许还有更多。

做上位者，有大志向，就要有从大局考虑的智慧。打造团队时要能容人，打通渠道时也难免会受辱，要是不能忍，不愿意忍，失去的可能就是能帮你成大事的人才、人脉。

眼泪就是软刀子，示弱往往出奇效

谋略思维

> 眼泪可以转化成一股神奇的力量，其威力有时候甚至超越长矛利剑，这是弱者取胜的较廉价的智力投资。心怀大志者要合理利用一切资源，哪怕是哭泣时的眼泪。善用此法不但能够帮助其自保，还能清除前进道路上的障碍。

谋略解读

任何人都不要小觑眼泪的力量，有时候，用长枪利剑的"炮舰政策"未必能达到目的，却可以用眼泪轻松完成。因为眼泪可以赚取同情与可怜，瓦解对方的斗志，多数人都不愿意向一个需要同情的人大打出手。

想早日实现愿望，就要采取一定的策略和战术。求人办事以泪赚怜，就需要有一张不怕驳面的厚脸，要敢于"哭"。这一战术，能使对方在不知不觉中进入你设置的柔软的罗网中，对方的大义凛然之举会成就你的美梦。因此，在关键时刻，不妨厚起脸皮，可怜兮兮地滴下几滴眼泪，通常可以迅速激发对方的同情心，使彼此在感情上靠近，产生共鸣，从而使对方很快地接受你的请求。这种"泪弹"的效果往往十分有效，古今中外成就大业的，尤其是政治家们多善用此招，并且屡试不爽。

人类的情感相较于其他动物要丰富得多，越是平日里不易出现的情感，就越容易打动人。流泪是情感爆发的表现，更容易引起人们的共鸣，化解敌意，赢得同情。

切记，眼泪流得多了，也就不值钱了。因此，平日里难得一见的"英雄泪"，才是给人印象最深、感染力最强的。总是用眼泪来博同情，只能被当作想走捷径的小人和脆弱的懦夫。成功不是哭出来的，眼泪也换不来想要的一切。

谋略案例一

东汉末年，中山靖王之后刘备有辅佐幼帝、匡扶汉室的志向。可惜他根基浅薄，家境贫寒，愿意追随他的文臣武将，远远不如其他割据势力。因为缺少一个出谋划策的军师，刘备在军阀混战中屡屡失败。建安五年（200年），他更是被大军阀曹操击溃，被驱逐出徐州。刘备只好率领残兵败将，投靠另一位汉室宗亲刘表。在途中，一位名叫徐庶的谋士前来投靠。两人一见如故，徐庶成为刘备麾下的重要人物。

曹操自然不肯坐视刘备做大，于是扣下了徐庶的母亲，徐庶迫不得已前往曹营。当时，徐庶被刘备收服之后，曹操便听从程昱的话，派人将徐母接到曹营。见到徐母后,曹操便命她修书召徐庶前来效力,但徐母破口大骂,并取石砚怒砸曹操。曹操大怒,想要杀了徐母泄愤,却被程昱阻止,并劝曹操说:"徐母之所以这样做,目的就是想让您将她杀死,如果您真的这样做了,不但会招来不义之名,还会让徐庶死心塌地地效忠刘备。与其如此,我们不如将徐母留在曹营,这样一来,徐庶心有牵挂,就算扶助刘备也势必会分心。"曹操觉得程昱言之有理,便按照他的意思做了。

随后,程昱拜访徐母,自称是徐庶的结拜兄弟,待徐母如生母,经常馈赠物件,还有手启。出于礼貌,徐母回以手启,程昱因此获得了徐母的笔迹。于是,程昱便模仿其笔迹给徐庶写了一封信。信中称自己被曹操所禁,幸亏程昱力救才免遭一死,现在命悬一线,希望即刻救援,以全孝道。

某日,曹操派人给徐庶送来模仿徐母字迹的书信。徐庶心里清楚这是曹操的计谋,但因为他是孝子就必须探母。看到这样一个谋士即将离去,以情感人的刘备当然不甘心,于是他便亮出自己的"绝招"。刘备当时泪如雨下,哭着说道:"百善孝为先,何况是至亲分离,你放心去吧!待你救出母亲之后,有机会我再向先生请教。"徐庶也被刘备的泪水打动了。他很想立即上路,但刘备却又劝说徐庶小住一日,次日为先生饯行。于是,徐庶就决定再留一晚。

晚上，刘备准备了酒宴。席间，刘备又开始使用自己的"武器"，他恋恋不舍地对徐庶说："君一离开我，我就如同失去了左右手一样，就算是山珍海味也没有兴致品尝。"说罢，便号啕大哭起来，和徐庶两人以泪洗面，坐以待旦。

第二天，刘备骑马将徐庶送出城外。至长亭，刘备又一边哭一边举杯对徐庶说："备分浅缘薄，不能与先生相聚，望先生善事新主，以成功名。"徐庶也是泪流满面，哭着说："某才微智浅，深荷使君重用。今不幸半途而别，实为老母故也。纵使曹操相逼，庶亦终身不设一谋。"

刘备没有就此与徐庶道别，他送了一程又一程，徐庶最后说："不再麻烦使君远送，徐庶就此告别。"刘备听此，上前握住徐庶的手说："先生此去，天各一方，未知相会却在何日！"说罢，刘备泪如雨下。徐庶亦涕泣而别。刘备停马站于树林边，看着徐庶越来越远的背影。他凝泪远望，却被树林隔断，于是便令人将那片树林全部砍掉。众人皆问什么原因，刘备说："因为它阻碍我看徐元直了。"

徐庶北上归曹以后，心中仍十分依恋故主刘备和好友诸葛亮。尽管他有出众的谋略和才华，但不愿为曹操出谋划策，与刘备、诸葛亮为敌。

刘备与汉末其他军阀相比，几乎是白手起家，称他为当世英雄，丝毫不为过。刘备的"英雄泪"，在送徐庶的时候就展现出了巨大的感染力，让徐庶在抵达曹营后也难以忘怀。因此，徐庶进曹营，始终未曾为曹操献策。

谋略案例二

唐朝灭亡后，中原大地迎来了一段长达七十余年的大分裂，这段时间史称五代十国。后唐是五代的第二个朝代，开国皇帝为李存勖。经历了两代传承，后唐已大不如前。新继位的闵帝李从厚，性格优柔寡断，文武才能全无，又重用朱弘昭和冯赟两个奸臣，朝堂之上尽是歪风邪气，群臣却是敢怒而不敢言。

节度使李从珂屡立战功，势力庞大。朱弘昭和冯赟二人很是惧怕李从珂，将他看成眼中钉，想尽办法要除掉他。李从珂也对他们有了戒备，经常称病，不去朝廷。李从厚也怕李从珂威胁自己的皇位，加上朱、冯二人在一旁煽风点火，也就开始采取措施压制李从珂。他先是将李从珂在京的儿子李重吉贬出京城，又将李从珂一个当尼姑的女儿李惠明召入宫做了人质。

然后，听从朱、冯的计谋，让洋王李从璋做了凤翔节度使，取代李从珂，让李从珂到河东任节度使。

李从厚让李从珂到河东任节度使时，没有正式的诏书，只是让人口头宣授。李从珂马上召集下属来商议，大家都说:"主上年幼,不会亲自做这种事,军国大事都是朱弘昭等人把持,不另想办法,大王肯定不会保全自身。"

当天夜里,李从珂就让人起草檄文并把它们散发到各地,以清君侧、除奸臣为名,请求各节度使共同出兵攻打首都,杀掉朱弘昭等人。李从厚命王思同领兵来讨伐,王思同集结各路兵马围攻凤翔城。凤翔城原本并非重镇,城墙很低,外面的护城河窄浅,无法固守。

王思同的军队和李从珂的相比,有很大优势。在朝廷重兵的大力攻击下,凤翔城东西关的小城先后失守,李从珂的属下伤亡惨重,再打下去,城池难保。李从珂站在城墙上,焦急万分,责怪自己没有早点防备而落到如此下场。

这时李从珂发现城墙下攻城的将领竟有许多是他以前的部下,他隐约看到了一线生机。李从珂很快将上身的衣服脱掉,露出身上的一个个伤疤,然后站到城墙上放声大哭。

在生死关头,李从珂哭得声泪俱下,城墙下正在攻城的将士听到了,不知发生了什么事,都停了下来,仰头往李从珂这边看。李从珂抹了一把鼻涕眼泪,哽咽着说:"我不到二十岁就跟随先帝出征,四处奔走,出生入死,毫无怨言,伤疤遍身都是,你们中有很多战士曾经和我一同跟随先帝四处征战,为国家复兴立下了功劳。现在朝廷却由奸臣当政,对我妄加猜测、陷害,你们都知道我、了解我,我以前对你们如何，你们心里也清楚，为什么还要被奸臣利用，替他们杀自己的战友呢？朝廷听信谗言，说我谋反，要置我于死地，你们又怎么忍心看我们兄弟相残，不肯救一救呢？我有什么罪啊？今天竟落到这个地步……"李从珂哭到伤心之处，靠在城墙的垛口上哽咽得有气无声。听到这些哭诉，城墙下的将士也被他感动了，有的还伤心地落下泪来。将领中有个羽林指挥使杨思权曾在李从珂的手下任职，两人交情很好，他高声说："这才是我们的主人！"众将士也齐声应和。

从那之后，李从珂率领军队攻往京城，一路上前来投靠的士兵不计其数，遭遇的抵抗则微乎其微。最后，他将李从厚赶出京城，自己当了皇帝。

英雄流血不流泪，李从珂为国尽忠，满身伤疤，当他脱去外衣，站在城墙上号啕大哭时，有谁能不被感染、不动容呢？为国尽忠居然落得如此下场，如何不让前来讨伐他的将士心寒？英雄使人动容，昏君让人心寒，选择投效英雄，显然是很好的抉择。

他人的同情是可以利用的资源，想要利用这种资源，巧妙的引子就是眼泪。在恰当的时候使用眼泪，能轻易达成"低成本，高回报"的目的，只是这种办法不可滥用。所以，当你走投无路，或是需要抓住一个千载难逢的契机时，不妨想想你是否真的动用了一切力量，因为还有一种能扭转局势的手段，即流泪。

第五章
权衡取舍，方能险中求胜

舍得放下面子，才能爬得上位子

谋略思维

人人都爱面子，面子有些时候不仅是个人尊严的体现，也是地位的标志。在人与人之间没有明显地位差异的时候，就没有人愿意放下面子。丢了面子是令人不愉快的事情，但有些时候，放下面子能换来利益，那就暂时把面子放一放。爬得高了，坐得稳了，面子自己就来了。

谋略解读

从"给面子""留面子""死要面子活受罪"到"打狗还看主人面""不看僧面看佛面"等有关面子的说法上，就可以看出面子对人们是多么重要。

有人说，面子是中国作为人情社会的典型标志；有人说，面子是中国人过分强调个人尊严的结果，导致在人际交往中常常牺牲原则而使社会凭空具有一种"虚伪"的氛围。人们常常会将一个爱面子的人理解为自尊心强的人，但当这种自尊心一旦超过某种限度，就成了虚荣心。其实，这些仅仅是浅层的表现而已。

个人的面子一定程度上是其社会地位或声望的体现，这种地位和声望也可能来自个人的家世、籍贯和努力，也可能是非个人因素而获取的地位，诸如财富、权威和社会关系等。在重视人情的社会里，人们看重面子，主要是关注别人对自己社会地位和声望的评价。

在实际生活中，每个人都面临不同层次的社会关系，人情法则在不同的情况下表现也不尽相同。因此，只有放下面子，才能不受虚荣心的煎熬，更不用在做重要决策的时候瞻前顾后。有很多胸怀大志的人，在制订计划时要花费大量时间打磨，一定要在每个细节都完美后才能实施。其实，他们把不少时间都花费在"如何能在失败的时候保住面子"上。

不受面子影响，不被虚荣羁绊，才能回归真实的自我。追求真实，方能在实践中展现个体的潜能。

谋略案例一

战国时期，武灵王立志图强，发誓要进行变革。

一日，武灵王召见群臣说："赵国北有燕国，东有胡人，西有秦国、韩国，处在诸强国包围之中，我国却没有勇猛的作战部队，这不是件很危险的事情吗？寡人以为要想提高军队战斗力，士兵首先要放弃肥大的衣着，因为这不利于作战，应当改穿灵巧的胡人服装。"

群臣听后，大多数表示反对，他们纷纷表态说："我国乃中原大国，自古以来就有自己的穿衣传统，如果改穿胡服，这不是让天下人都嘲笑赵国愚笨吗？胡人向来被人瞧不起，岂能效仿他们？"

武灵王没有想到，反对声浪如此高涨，一时难以定夺。

大夫楼缓却支持武灵王的变革，他对武灵王说："世俗的力量固然庞大，但要锐意改革就必须突破，不能为了面子而故步自封。再说，只有保证国家的尊严不被侵犯，才是真的有面子！大王目光远大，智慧超群，没有人能赶得上您，有人反对很正常，希望大王不要顾及他们的意见。"

武灵王有些失望，说："要建立盖世功名，必定会被世俗者谴责，可寡人还是希望群臣能和寡人看法相同。这件事的阻力太大了，寡人担心引发不测。"

反对武灵王的大臣趁机联合起来，他们一面劝谏，一面又煽动百姓闹事，给武灵王施压，并散布有关武灵王的谣言，说武灵王是胡人的后代。

武灵王为此烦恼不已，他对大臣们说："寡人为了提高我军战斗力，准备改穿胡服，这事关国家安危，难道还不如所谓的脸面重要？若亡国了，那才是失了大面子！"

有的大臣说："此事虽小，但关系改变祖制，大王不能轻易决断。"

武灵王见说服不了群臣，此事只好暂时搁置。

相国肥义也是反对者之一，他见武灵王让步，心中窃喜。一日楼缓拜见肥义，见面便道："你的大祸要临头了，难道你还没有感觉到吗？"

肥义丈二和尚摸不着头脑，好奇地问："你这样诅咒我？"

楼缓走到他的近前，道："大王改穿胡服的主张，极其英明，你身为群臣之首，不仅不赞同，反而以有损面子为由带头反对，不恰恰说明你很愚蠢吗？一旦亡国，哪个能逃脱了惩罚？"

肥义吓得直出冷汗，第二天便改变立场，极力拥护武灵王的主张。他说："我国军队服装确实不适合作战，需要改进，不能因为面子而丧失国家。大王既然认定胡服优越，下令执行就是，何必在乎他人的意见呢？"

武灵王对肥义的转变十分高兴，就问他："你曾极力反对，为何想通了？寡人想知道个中原因。"

肥义说："臣下愚钝，不明大王的用心，没从国家安危角度考虑问题，只考虑了面子问题。仔细一想，凡是大智之人,都有高明之处。从前大舜曾跳过苗族的舞蹈,大禹进入裸国就脱光衣服,他们并不在乎自己的面子,目的在于追求功德和事业成功。智者高瞻远瞩,大王英明,我等愚笨啊。"

武灵王大笑道:"你明白我的意思,就不是愚人,何况你说得也如此透彻。"

武灵王终于坚定了决心。一日,他穿着胡服上朝。面对群臣的惊诧,他严肃地说:"改穿胡服,练习骑射,是为了保卫赵国,寡人即使让天下人笑话,也要贯彻执行。你们马上回去换上胡服,否则,寡人绝不饶恕。"

赵国改穿胡服后,国力大增,在对外征战中屡屡获胜,江山社稷更加稳定。

武灵王带头自毁面子,却保住社稷,坐稳了位子。

生活中,往往有人为了虚伪的面子而放弃很多打拼的机会,结果不但没有保住面子,反而因失去位子而丢失了更大的面子。因此,聪明的人,在面子与位子发生冲突时,都会主动选择位子。因为只有坐稳了位子,才能真正保住面子。

谋略案例二

战国时期,秦国日渐强大,百姓安居乐业。但秦昭王并不满足,他想要的不只是一个强大的秦国,而是整个天下。为了这个目标，秦昭王招贤纳士，希望能有人才为他打破现有局势，让秦国更进一步。

范雎原为魏国中大夫的门客，因为被怀疑通敌卖国，隐姓埋名逃往秦国。听说秦昭王求贤若渴，便以为自己一定能得到重用。没想到，抵达秦国后，他依旧不被重视。于是，他写了一份分析秦国与天下局势的策书，递给秦昭王，随后开始收拾东西，打算离开秦国。

秦昭王看了策书，大喜过望，本打算派人将范雎接来，又觉得这样做不够诚意，于是亲自前往范雎住处，请范雎帮他。

秦昭王见到范雎，便把左右的人都支使出去，只剩下他们两人。秦昭王走上前，跪而请教说："先生怎么才能来教导我呢？"

这一跪虽然将秦昭王的诚恳之心表露无遗，但范雎欲言又止。

于是，秦昭王"复跪而请教"，说："先生怎么才能教导我呢？"

秦昭王第二跪更显恭敬，丝毫没有不满的神色，可是范雎仍然不语。

秦昭王见范雎这种态度，不但没有发怒，反而锲而不舍，又一次双膝下跪，说："先生真的不愿意教导我吗？"

第三跪打动了范雎，范雎开始说话，道出了自己不愿进言的种种顾虑和烦恼。

针对范雎的顾虑，秦昭王第四次下跪，说："先生怎么能说出这样的话呢？秦国是个偏僻的国家，我又是一个没有才能的愚人，先生能到敝国来，这是上天让我来烦扰先生，使得先王留下来的功业不至中断。我能接受先生的教导，这是上天要先生扶助先王，不抛弃我。先生怎么能说出这样的话呢？今后事无大小，上至太后，下及大臣，所有一切，都希望先生一一给我教导，千万不要有顾虑。"

秦昭王的意思很明确，他要让范雎公正大胆进言，必然要先消除他的顾虑，这样才能令他言无不尽，对自己一统天下有所帮助。

范雎一向处事谨慎，虽然得到秦昭王的特许，仍旧不愿轻易开口，开始试探口风，说："大王的计划有失误的地方呀。"

秦昭王对这些指责的话并未发怒，反而立即领悟到这是范雎进言的前兆，应抓住时机，进一步争取，才能使范雎彻底打消顾虑。

于是，秦昭王第五次跪下，说："寡人愿闻失计！"言辞更加恳切，态度更加恭敬。

这一次范雎也认识到时机已经成熟，再端架子也太不妥当，因此答应辅佐秦昭王，帮他统一六国。秦昭王拜范雎为相，号应侯。范雎在位期间提出了外交方面的金科玉律——"远交近攻"，数次帮秦国挫败列国，为秦国统一天下打下基础。

作为一国之君，能舍弃面子，必然是为了更大的利益。秦昭王想要谋天下，范雎就是能帮他谋天下的人。如果秦昭王在范雎面前还顾及面子，相信范雎只会一走了之，不会留下辅佐他。从结局来看，秦昭王放下面子，五次下跪，是值得的。

为了争一口气，为了自己的面子，失去机会、损失人脉，给其他人留下糟糕印象，事后回想起来，总会觉得后悔。那为什么不能在事情发生前就想通这一点呢？为什么不能从开始就用面子换更高的位子呢？冷静是一种智慧，理智看待面子更是大智慧。

知进退，明取舍，才有本事赢得未来

谋略思维

> 该进则进，该退则退，是智者之举。那些一条道走到底的人不但固执而且愚蠢，只有那些能够掌握进退节奏，又明白方向的人，才能成就一番大业。

谋略解读

要想在为人处世中左右逢源、上下贯通，就必须掌握进退的节奏和时机，有时"退"是为了"进"，但不管怎么退，只要最终的目标是进，就可以让你有更好的选择。这是处世关系学中不可多得的一条锦囊妙计，更是有心之人应该掌握的生存技能。尤其是在做一些风险比较大的事情时，更要冷静沉着地后退一步。其实，这是为赢得一世而做的铺垫。

人世间的冷暖变化总是无常，人生的道路也是蜿蜒曲折的。所以，当你遇到极为不利于自己的形势时，便可以先做出退步，甚至给人以平庸的印象，来隐藏自己的才能，掩盖内心的抱负，以免引起不怀好意之人的警觉。一旦时机成熟，就要奋然跃起，主动达成自己的目标。

在必要的时候，以退为进，由低到高，是自我表现的一门艺术，也是所谓的"暂时让步是为了更好的选择"。从某种意义上来讲，退一步等于进了两步。但是进退的节奏和时机要自己把握，千万不要误判形势，否则将进退失据、弄巧成拙。

谋略案例一

春秋时期，楚庄王为了扩大自己的势力范围，决定征讨庸国。

庸国上下齐心，奋力抵抗，楚军一时难以长驱直入。甚至在一次战斗中，楚将杨窗还做了庸国的俘虏。可是，由于庸国的疏忽，被俘三天的楚将杨窗竟从庸国逃了回来。

杨窗向楚庄王汇报了庸国的情况，说："庸国上下齐心协力，同仇敌忾，如果我们不调集主力部队，恐怕难以取胜。"

这时楚将师叔出了个计策，建议用佯装败退之计，以骄庸军，然后再去进攻他们。楚庄王认为此计甚好，就命师叔带兵进攻。开战不久，楚军就佯装难以招架，败下阵来，向后撤退。就这样一连几次，楚军节节败退。庸军七战七捷，变得骄傲起来，根本不把楚军放在眼里。军心开始麻痹，军队也渐渐松懈斗志，对楚军的戒备渐渐消失。

这时，楚庄王趁机率领增援部队赶来。师叔对楚庄王说："我军已七次佯装败退，庸人已十分骄傲，现在正是发动总攻的大好时机。"

于是，楚庄王下令兵分两路进攻庸国。此时的庸国将士正陶醉在胜利之中，他们怎么也没有想到楚军会突然发起进攻，仓促应战，无力抵挡。楚军越战越勇，一举消灭庸国。

楚国为了战胜庸国，师叔七次佯装败退，制造了战机，用七次后退赢得一次大的胜利。因此，在必要时后退一步便可积蓄能量，也可创造更好的机会，后退本身不能说明他们胆怯、弱小。古人云：能屈能伸为大丈夫。可见大丈夫行事，理应是有进有退。该退的时候要干脆果断，该进的时候要义无反顾。

谋略案例二

唐朝末年，天下大乱，各藩镇堪称国中之国。节度使朱温废唐哀帝，建国大梁，结束了辉煌的唐朝统治，打开了五代十国的大门。

武安军节度使马殷也想趁机建国称帝，但他的谋士高郁却告诉他，周围有强敌环伺，朱温建立的梁国势不可当，与其建国称帝，不如奉中原政权为主。中原战火四起，自然没时间来理会马殷。口头上退让一步，实际获得的权力与皇帝无异。

马殷听后当即采纳了高郁的建议,对中原称臣,然后借势对抗周围的敌对势力,寻找机会扩大自己的地盘。南吴国主杨行密几次要求他一起对抗朱温,他都坚定地回绝了。连在杨行密身边任职的马殷的弟弟被杨送回潭州以示友好时,马殷还对劝他的弟弟厉声说:"杨王不尊敬天子,一旦朝廷发兵讨伐,我们就会被连累,你不要再说了,免得招惹祸端。"

马殷做了楚王后,非常高兴,因为这和实际的独立王国没有什么区别。他又请求朱温准许他设立天策府,任命官员。这对朱温的帝位没什么大的妨碍,所以朱温顺水推舟,做了人情,封他为天策上将军。马殷于是开府设官,将他的楚地系统地管理起来。

马殷实行保境安民的政策,和吴国的几次战争也是对方先发动进攻。对于北边的荆南,马殷进行了相当有效的战争。

之后,李存勖灭掉后梁,建立唐,马殷反应速度很快,他宣布承认后唐,派儿子马希范到洛阳进贡称臣。马希范很聪明,在李存勖狡猾地问他洞庭湖有多大时,他机智地说:"如果陛下驾临此地,湖水也只够饮马用了。"以此暗示李存勖后唐势力的强大。

马殷开创的政权在历史上被称为南楚，就因为他始终向中原政权保持谦卑，不曾称帝，才能一直存续下去。直到马殷去世，他的两个儿子开始内斗，南楚政权才被南唐吞并。

人们常说，能向前走一步是非常困难的，凭什么要让步？木秀于林，风必摧之，退一步，就有躲过风险的余地。有些时候，退一步损失的只有虚荣心，那就更该退一步，在保持利益不受损失的情况下修身养性，做好万全准备后，再向前冲锋，争取一举成功。

小事忍让见雅量，息事宁人考虑长

谋略思维

> 古语有云，百忍成金，足见忍让是多么重要。只要是无关原则问题，就不应吹毛求疵，而是从长计议。

谋略解读

无论是邻里间还是朋友间，都难免有些磕磕碰碰，但都需要相互忍让，这是为人处世必备的一种心态。忍让是一种眼光和度量，能克己忍让的人，深刻而有力量，是有雄才大略的表现。如果逞一时之强，势必会剑拔弩张，轻者影响感情，重则两败俱伤。

因此，忍耐的限度就是一个人成就的限度。一些缺少雅量的人，总会把"我的忍耐是有限度的"挂在口头，其实恰恰是他自己的"限度"限制了他的个人成就。每个有智慧的人都明白：在做人的问题上，忍让才是处世的良方。尤其是那些不危害社会公德、有原则的忍让，更能折射出一个人的胸襟雅量。若只为一些小事就大动干戈，除了一时的痛快外，什么都得不到。要做大事，就不能浪费每一分能利用的资源。将时间、精力花费在"争口气"上，显然是没有收益的。没有收益却浪费资源,那就是巨大的损失了。

在双方力量明显悬殊的情况下,息事宁人、以退为进才是解决问题的有效方式。

其实,任何人都有客观存在的短处,既然每个人都有短处,对人对事就要给予宽容,尤其是面对那些无关原则的轻微过失。

谋略案例一

公元前698年,齐僖公驾崩,留下三个儿子——太子诸儿、公子纠和小白。太子诸儿即位,是为齐襄公。太子诸儿虽然居长即位,但品质卑劣,齐国前途令国中老臣深为忧虑。当时,管仲和鲍叔牙分别辅佐公子纠和公子小白。

齐襄公性格暴躁,行事卑劣,因和妹妹的不轨行为被拆穿,杀死了妹夫鲁桓公。具有政治远见的管仲和鲍叔牙都预感到齐国将会发生大乱,所以他们都替自己的主子想方设法找出路。

公子纠的母亲是鲁国人,因此管仲负责保护公子纠逃到鲁国去躲避。公子小白的母亲是卫国人,但是卫国离齐国太远,所以鲍叔牙就同公子小白跑到齐国的南邻莒国躲避。公子纠和公子小白去的地方虽然一西一南,但目的都是一个,就是静观事态发展,伺机而动。

公元前686年,齐国终于爆发内乱。齐襄公在内乱中被杀死,公孙无知成了国君。一年后,公孙无知又被齐国大夫杀死。一国无君如群龙无首,混乱不堪。此时,公子纠和公子小白都有可能登上王位。于是,公子小白先从莒国出发,公子纠紧随其后。

管仲得知公子小白先出发后,就率领士兵前往半路截击公子小白。公子小白不听管仲的劝说,管仲只好痛下杀手,将他射于马下。随后,公子纠的队伍便不慌不忙地前往齐国。

管仲不知道的是,公子小白只是诈死。他利用管仲和公子纠放松警惕的机会,快马加鞭,先一步进入齐国,继承王位,史称齐桓公。

齐桓公即位后,急需找到有才干的人来辅佐,因此准备请屡获功绩的鲍叔牙出任齐相。鲍叔牙却诚恳地对齐桓公说:"臣是个平庸之辈,现在国君施惠于我,使我享受如此厚待,那是国君的恩赐。若想把齐国治理得更加富强,我的能力不行,还得请管仲。"

齐桓公惊讶地反问道:"你不知道他是我的仇人吗?当初他可是想置我于死地。"鲍叔牙回答道:"但是客观地说,管仲是天下的奇才,他英明盖世,才能超众,有他辅佐方能助您一臂之力。"

齐桓公又问鲍叔牙:"那管仲跟您比起来,谁的才能更大一些?"

鲍叔牙沉静地说："管仲起码有五点比我强。他宽以从政，惠以爱民；治理江山，权术安稳；取信于民，深得民心；制定礼仪，风化天下；整治军队，勇敢善战。"鲍叔牙进一步谏请齐桓公释掉旧怨，化仇为友，并指出当时管仲射国君，是因为公子纠命令他干的，现在如果赦免其罪而委以重任，他一定会像忠于公子纠一样为齐国效忠。

经鲍叔牙建议，齐桓公同意选择吉日，以隆重的礼节亲自迎接管仲，以此表示对管仲的重视和信任，同时也让天下人都知道齐桓公的贤达大度。此后，齐桓公经常同管仲商谈国家大事。由于管仲系统地论述了治国称霸之道，齐桓公面临的全部问题都迎刃而解。不久，他拜管仲为相，主持政事，为表示对管仲的尊崇，称管仲为"仲父"。

管仲也不负众望，自从他相齐后，一心辅佐齐桓公的霸业，齐桓公成为春秋时期第一个霸主。

面对新仇旧恨，不管做出怎样的选择，前提都是要保持冷静。只有保持冷静，才能权衡利弊，得出最好的结果。齐桓公选择息事宁人，正是因为管仲能辅佐他，把齐国变得更加强大。

在生活中又何尝不是如此？没有永远的仇人，只有永远的利益。如果没有雅量，事事都要追究到底，只能处处树敌。潜在的利益，也会因为这些武断的决定被早早切断。

谋略案例二

东汉末年,群雄并起,争霸汉室天下。在北方,实力最强的军阀分别为曹操和袁绍。曹操家资丰厚,祖父是大宦官曹腾,举旗起兵时,响应者众多。袁绍家族四世三公,声势显赫,早早就拉起一支庞大的队伍。

两虎相争,必有一伤。但从表面上看,袁绍在粮草储备和将士数量方面,都处于优势。双方交战之时,曹操釜底抽薪,派人烧毁了袁绍在乌巢的粮草。这场以少胜多的战役,就是历史上赫赫有名的官渡之战。

战后,士兵在缴获的战利品中找到一个大箱子,打开一看,里面满满都是曹操的下属官员写给袁绍的密信。在战时私通敌方首领,这可是死罪!许多官员得知密信被发现后,坐立不安,生怕曹操看了密信后会下令处决他们。

没想到,曹操似乎对打开的箱子毫无兴趣。他直截了当地告诉士兵:"把这些密信抬出去,一把火烧了吧。在战胜之前,我尚且不能自保,何况他人呢?"

曹操对通敌之事既往不咎,反而让官员们更加佩服他的英雄气概。整个军队从上至下,士气大振,趁着势头正盛,曹操率兵一举夺取袁绍的根据地冀州。

曹操生性多疑,尚且能忍住不去看下属的密信,原谅背叛他的官员，可见想要谋取天下，必须具备宽容他人过错的气量。如果曹操真的看了那些密信，即便没有追究，写了密信的官员们也会终日提心吊胆，生怕有一天曹操会拿此信说事。既然密信已经烧毁，得到原谅的官员们自然会一心一意为曹操效力。

人非圣贤，孰能无过。每个人身上都有缺点，也都会犯错。只要不涉及原则问题，不造成巨大损失，原谅一次反而会得到他人的好感与忠诚，这是用人时不可缺少的智慧。

先收回拳头,才能让出击更有力

谋略思维

遭遇强大的对手时,不妨暂时采取避其锋芒的方式,后退并不是落荒而逃,而是积蓄能量。正如要想给对手以致命打击,直拳出击难免要缺少力度,只有把拳头收回来,才能更有力地打出去。

谋略解读

退与进,其实是一对矛盾体,二者既相互对立,又相互统一,不能简单地将后退的举动一概视为怯懦和软弱。如果在无法前进或者前进效果不太好的情况下,适当的后退往往是一种必要的、理智的行为。

无论是在战场上还是商业活动中,高明的指挥员或者优秀的企业管理者在运用策略的时候,不能机械地认定只有前进才能实现目标。客观现实总是无情的,前进的道路往往并不平坦,阻力是经常有的。阻力小时容易冲破,阻力大时很难冲破,即使能够冲破,也会耗费大量能量,无法在冲破阻力后继续保持前进的动力。在这种情况下，最好的办法是适当后退。调整部署，积蓄足够的力量再前进，才能取得事半功倍的效果。

我们想要站上巅峰，就需要击败一个个对手。他们有的和我们实力相当，有的甚至比我们还要强大，当大家站上擂台的时候，如果没有一拳将对手击溃的力量，也找不到最好的时机，盲目乱挥拳头只能白白消耗体力，不如后退一步，积蓄力量。等到对方露出破绽的时候，我们再打出那最有力的一拳，将对方一举打倒。

谋略案例

春秋时期，楚国、晋国相邻，实力都非常强大。为了争夺霸权，双方在城濮展开大战。晋文公退避三舍，大败楚国。楚国战败后不久，楚成王就被他的儿子商臣杀死了。商臣做了国君，是为楚穆王。楚穆王对失败不甘心，于是抓紧操练兵马，发誓要与晋国决一雌雄。首先，他兼并了附近的几个小国，又将中原的陈、郑等国拉了过去。周顷王六年（前613年），楚穆王突然暴病而死。他的儿子熊侣即位，即赫赫有名的楚庄王。

楚国为楚穆王大办丧事。晋国卿大夫赵盾则趁机召集宋、鲁、陈、卫、郑、蔡、许七国诸侯，重新订立盟约，晋国又做了盟主。楚国大臣当然极为不服气，多次请楚庄王去争霸主地位。但是，令人费解的是，楚庄王却对国家大事漠不关心，三年间贪图宴乐，置国家兴衰于不顾。

大臣们渐渐失去耐心，把他当成不折不扣的昏君。楚庄王这样胡闹了三年，三年里要是有谁来劝他，他连听都不愿听，甚至在宫门口挂起牌子，写着："进谏者，杀无赦！"

一天，大夫伍举觐见楚庄王。楚庄王一如既往，手中端着酒杯，口中嚼着鹿肉，醉醺醺地观赏歌舞。他还眯着眼睛问道："大夫来此，是想喝酒，还是欣赏歌舞呢？"

伍举话中有话，故弄玄虚地说："有人让我猜一个谜语，我怎么也猜不出，特此来向您请教。"

楚庄王一面喝酒，一面问："什么谜语，这么难猜？你说说。"

伍举说："谜语是'楚京有大鸟，栖上在朝堂，历时三年整，不鸣亦不翔，令人好难解，到底为哪桩？'您请猜猜，不鸣也不翔，究竟是只什么鸟？"

楚庄王听了，心中明白伍举的意思，笑着说："我猜着了，它可不是只普通的鸟。这只鸟啊，三年不飞，一飞冲天；三年不鸣，一鸣惊人。你等着瞧吧。"

伍举是个聪明人，立即明白了楚庄王的意思，便高兴地退了出来。

但是过了几个月，楚庄王这只大鸟依然故我，既不"鸣"，也没"飞"，照旧打猎、喝酒、欣赏歌舞。大夫苏从忍受不住，便前去见楚庄王。他才进宫门，便大哭起来。

楚庄王说:"先生,你为什么事这么伤心呢?"

苏从回答说:"我为自己就要死了伤心,还为楚国即将灭亡伤心。"

楚庄王很吃惊,便问:"你怎么能死呢?楚国又怎能灭亡呢?"

苏从说:"我想劝告您,您听不进去,肯定要杀死我。您整天观赏歌舞,游玩打猎,不管朝政,楚国的灭亡不是在眼前了吗?"

楚庄王听完大怒,斥责苏从:"你是想死吗?我早已说过,谁来劝谏,我便杀死谁。如今你明知故犯,真是傻极了!"

苏从十分痛切地说:"我是傻,可您比我还傻,倘若您将我杀了,我死后将得到忠臣的美名,您若是再这样下去,楚国早晚是要灭亡的,您当亡国之君,不是比我还傻吗?我的话说完了,您要杀便杀吧。"

楚庄王忽然站起来,动情地说:"大夫的话都是忠言,我必定照你说的办。"随即,他便传令解散了乐队,打发了舞女,开始大干一番事业。

事实上,哪位大夫也没想到,楚庄王之前的昏庸表现只是做给外人和谋求叛乱的人看的,他在等待一个时机,像大鸟一样一鸣惊人,制造了一个给企求灭掉楚国和谋求篡位的人的假象，让他们放松警惕，以便给他们一个突如其来的打击。

　　从那之后，楚庄王从大臣手中夺回政权，重整朝纲，改革人事，训练军队。短短几年，周边不少小国被楚国纳入版图。时机成熟后，楚国再次与晋国交战，争夺天下。楚国在邲大败晋国，楚庄王也成了春秋时期最后一位霸主。

　　成语"一鸣惊人"指的就是楚庄王旧事，这位后来的霸主之所以沉溺歌舞、酒宴，不过是退出局势一步，让自己看得更清楚，趁机积蓄力量罢了。当三年期满，他轻而易举地从大臣手中夺回政权，执行了一系列富国强兵的策略。如若没有这三年的积累，恐怕他也会被混乱的局势弄得浑浑噩噩，要好一段时间才能理清头绪。

　　可见，想要做大事、成大事，不妨暂且退让一步。等到权衡出结果后，再以雷霆之势席卷天下，一举成功。

第六章
藏锋隐智，待时而动，是人生大智慧

人在矮檐下，一定要低头

谋略思维

> 只有将自己融入周边环境，并将摩擦降至最低，才能维系自己的势力。有时尽管不是心甘情愿，但人在矮檐下，一定要低头。这是一种权变，更是高明的生存智慧。

谋略解读

古语云：人在屋檐下，不得不低头。这是指一个人在权势、力量不如他人的时候，或是要求他人办事之时，就必须低头退让，以保全自己或是让自己得偿所愿。这是一句充满智慧且洞彻世事人情之言，若仔细研究也不难发现，此句话的后半句中有一词语为"不得不"，其隐含着诸多的无奈，实有勉强之意，这种低头是消极的、不情愿的。

　　既然事不如人愿，那么做起事来免不了会露出些许的不满情绪，若是让对方察觉到这种不满，可能会影响到办事的效果。因而，真正的心机者，绝非"不得不低头"，而是身处矮檐下，"一定"会低头。这不是一种文字游戏，而是一种变消极为积极、变不情愿为情愿的智谋。

　　"一定要低头"是为了让自己能够与当时的环境相和谐，将自己与对方之间的摩擦降到最低，保存自己的能力，以便走更远的路，将不利的环境转化为对自己有利的力量。这是一种权变，更是一种高明的生存智慧。

　　低头则安，不争为上。如果你一味地去争，那么对方可能比你更争强好胜，这样一来，结果就大为不妙。若是你主动低下头，那就不至于让自己成为"显眼包"，更不会因为自己头抬得太高而将矮檐撞坏。其实，无论撞坏与否，你都会受伤，即便你有"铁头功"，也难以逃脱"伤敌一千，自损八百"的命运。就算是忍受不了，试图离开这个能够躲风避雨的"屋檐"，也要先考虑好自己要去哪里。要知道，一旦你离开，再想回来就没那么容易了。

　　在"屋檐"下待久了，你很可能会成为屋内的一员，低头不是目的，是为了换取立足之地，真正的目的是将来能够抬头。

谋略案例一

　　隋朝时期，隋炀帝残暴成性，各地农民纷纷起义。当时，隋朝的诸多官员纷纷倒戈，转向农民起义军。为此，隋炀帝对朝中大臣，特别是外藩重臣，都心存疑虑。

唐国公李渊（唐高祖）曾经多次担任中央和地方官，其在所到之处有目的地结交当地的英雄豪杰，并广布恩德，因而获得了较高的声望，许多人前来归附。同时，很多人也替李渊担心，唯恐其遭到隋炀帝的猜忌。就在此关头，隋炀帝下诏让李渊到他的行宫去晋见。李渊因病未能前往，隋炀帝颇为不满，并起了猜疑之心。

当时，李渊的外甥女王氏是隋炀帝的妃子。隋炀帝向其询问李渊未来朝见的原因，王氏回答说是因为病了，隋炀帝随后便问道："他会不会死？"

王氏连忙将此消息转达给李渊，李渊听后知道隋炀帝已经对自己起了疑心，但是，如果过早起事自己是心有余而力不足，这时只能低头隐忍，等待时机。为了打消隋炀帝的顾虑，李渊故意广纳贿赂，败坏自己的名声，终日沉湎于声色犬马之中，而且到处张扬。果然，隋炀帝听到李渊的这些事情后，对其放松了警惕。这样，才有了后来的晋阳起兵和大唐帝国的建立。

若是当初李渊在矮檐下不主动低头，或是他的头低得稍有些勉强，都可能会被心生猜疑的隋炀帝除掉。

志向越大，路就越远，遇到的麻烦就越多。人在低谷，为了生存低头不仅不丢人，反而展现出一种智慧。硬要强撑着不在"屋檐"下低头，那么，即便在低谷之中依然有一落千丈的可能。

谋略案例二

春秋末年，吴、越两国日渐强大。因为地理位置相近，为了争夺霸权，两国经常发生战争。公元前494年，越王勾践主动出击，前去攻打吴国。吴王夫差得到消息后，点齐全国兵马迎战。越军大败，勾践只好率领五千残兵退守会稽。

夫差乘胜追击，率军包围会稽。越军本就是残兵败将，会稽也没有粮草储备，如果会稽失守，勾践兵败身死事小，越国也可能被吴国吞并。为了保存国家，勾践派人向夫差求和。

吴国大胜，夫差又怎么愿意轻易放过勾践呢？幸好勾践拿出大量金银，贿赂了吴国太宰伯嚭。伯嚭对夫差说："如果不答应勾践的求和，他杀死妻儿，烧毁宫殿，带领整个越国和我们拼命怎么办？到时候即便是赢了，也会损失惨重。"夫差这才答应了勾践的求和。

求和并非没有条件，勾践要被留在吴国做人质。于是，勾践就把国事交给大臣，自己做了夫差的奴仆，妻子也成了夫差的奴婢。勾践平时就给夫差喂马，夫差出行时他要为其牵马，晚上就住在前任吴王阖闾坟墓旁的石屋里。

在接下来的两年里，勾践不仅做到了一个奴仆的本分,甚至比一般的奴仆还要恭敬。一次,夫差生病了,勾践进宫拜见夫差,见夫差刚刚排便,就毫不犹豫地用手指蘸取粪便,放进嘴里。尝完粪便后,勾践告诉夫差:"恭喜大王,大王只是偶感风寒,几天就会好的。"

勾践这一举动可是真正把头低到了尘埃里。夫差认为勾践是真心归顺,没有报复的心思了,于是将勾践放回越国。

回国后,勾践也没有重新过上君王应该过的生活。他睡在零乱的柴草上,经常舔房梁上悬挂的猪苦胆,要求自己牢牢记住在夫差屋檐下的生活。

经过勾践的励精图治,越国重新强大起来。勾践带领士兵,在两年之内彻底灭了吴国。

勾践是有智慧的,为了保住性命,为了保住国家,他不仅愿意在夫差的"屋檐"下低头,更是把低头做到极致。正是因为他对自己够狠,才换来了灭亡吴国的机会。勾践的经历很好地说明:现在头放得越低,将来就可能抬得越高。

人在"屋檐"下,一切都由不得自己掌控,不低头显然是不理智的。只有伏低做小,让对方放松警惕,才有壮大自己的机会。

时机未到,强出头只会全盘皆输

谋略思维

想问题、办事情讲究时机,在自身能力不足或时机尚未成熟之前,万万不可贸然行动,否则就会让自己惨败。做大事者,必须明白"一着不慎,全盘皆输"的道理。

谋略解读

那些懂得在时机成熟之前忍辱负重的人,并不是懦夫,而是真正的强者。一个人想在世上成就一番事业,出人头地,就要知道一点:要想出头,就不要强出头。

时机未到,不可强出头。这里所说的"强"有两方面意思。

一是指"勉强",自己的能力还不够就勉强去做某些事。俗话说:失败是成功之母。这句话没错,但若是非要挑战超越自身能力的事情,那么这种失败在别人看来就是"自不量力",甚至会惹来嘲笑。

二是指"强力",虽然自身有足够的能力,但是客观环境尚不成熟,这时候出头也不是件好事。大环境如果不允许,以本身的能力强力而行，那就要花费很大的力气。如果周围人对自己的支持程度不够，想要强力做事，就很容易遭到排挤和打压，也会伤害到别人，种下仇恨的种子。

因此，真正有智慧的人能够判断时机是否合适，更能判断敌我双方实力上的差距。当时机不利、实力不济时，不妨养精蓄锐，磨炼自身的能力，寻找最好的出手机会，既能减少消耗，又能提高成功率。

谋略案例

唐朝末期，藩镇的节度使不肯听从朝廷调遣，游牧民族势力也逐渐壮大。契丹部落的耶律阿保机通过立下战功成为军事首领，可汗去世前传命于他，命他即位。草原虽然广袤，却装不下阿保机的雄心。他想要像中原王朝一样，建立属于自己的国家，从可汗变成皇帝。916年，耶律阿保机建立契丹国，称大圣大明天皇帝。

耶律阿保机称帝之后，继续扩张领土，这时漠北的游牧部落和契丹比起来势力很小，东边的渤海国和高丽已经衰落，南边的李克用和刚建立后梁的朱温长年对立交战。这种形势对阿保机开疆拓土非常有利。阿保机想建立一个南到黄河、北至漠北的北方大国。为此，他首先南下，但两次都以失败而告终。

阿保机想征服黄河以北的地区，而这时北方的军阀们也想利用强大的契丹为自己捞取好处，这为阿保机进兵中原创造了良机。

新州（今河北涿鹿）将领卢文进不满李存勖征兵本部用于进攻后梁，举兵投降契丹。于是，阿保机领兵对中原发动了第一次战争，和卢文进一起攻打新州和幽州，最后击败周德威，并将幽州城围攻了将近两百天。

后来，晋军李嗣源的援兵到达，阿保机被迫撤兵，并让卢文进常守平州，守住契丹南下的重要通道。

不久，镇州防御使张文礼杀死节度使王镕，向阿保机求救，一起对付李存勖。阿保机第二次南下中原，攻陷新州后进兵围困定州，和李存勖在沙河及望都（今河北望都）一带交战。这一次阿保机损失惨重，当时正赶上下雪，大雪下了十来天，地上的雪厚达数尺，契丹兵马粮草奇缺，伤亡很多，只好撤兵。契丹兵出征都是自己准备粮食和草料，战时让随军的后勤人员四处掠夺，所以，一旦中原兵围困他们或者双方打持久战，契丹兵就很难坚持了。

两次南下都损兵折将，无功而回，阿保机及时调整战略方向，改向西北和东北，打算先征服北方的游牧部落，攻下东边的渤海国，消除两侧的威胁之后再向南用兵，夺取河东及河北地区。

阿保机首先召开军事大会，部署新的作战计划，然后亲自征讨党项、阻卜等部落，向北到达乌孤山（今肯特山），还曾抓获回鹘都督毕离遏。回鹘乌母主可汗只得派使臣纳贡谢罪，阿保机的势力最西到达了今阿尔泰山一带，国土面积大大扩展。

失败并不可怕，可怕的是数次失败还不能认清自己。耶律阿保机通过两次失败，看清自己率军南下是有些"强出头"了，即便当时存在"大好良机"，他也能审时度势，选择更好的道路。

将资源投入不可行之事上，只能将其白白浪费。机会再好，不能成功也等同于无。与其强出头，不如转而去做其他有收益的事情，等到时机成熟，实力强大，再来成就大业也不迟。

万事俱备，果断出手才是制胜之道

谋略思维

> 事情未发之前要做到静不露机，冷静沉着，好像云雷蓄而不发，懂得在暗中观察、谋划，静待最佳时机的到来。一旦时机成熟、万事俱备，就要及时出手，以迅雷之势直奔目标，让人不及掩耳。

谋略解读

真正的心机者，一旦发现机会，就会果断而迅速地出手，绝不会犹犹豫豫、推三阻四。即便事情存在诸多阻碍，也会想办法解决，没有"东风"可以借来"东风"，总之不会放过"抬头"的机会。

忍一时风平浪静，退一步海阔天空，有时不必太较真儿。但是，在一些特殊时刻，我们绝不能一味地退让，该出手时就要出手。如果总是犹豫不决、瞻前顾后，就会给对方留下攻击的机会。不过，"出手"也要有计划，不可盲目，要在事情未发之前冷静沉着，暗中观察、谋划，静候最佳时机。一旦时机成熟，万事俱备，就要及时出手，以雷霆万钧之势给对方致命一击。

想要成大事、谋成功者，出手要谨慎。频繁出手只能让对手处处防备，贸然出手又难以一举成功。如果发现环境有变化，或是判断失误而出现不妙的情况时，就算已经出手也必须撤回，否则只能越陷越深，全盘皆输。

谋略案例

春秋初年，郑武公去世后，太子寤生即位，是为郑庄公。由于郑庄公出生时脚先出来，母亲武姜受到惊吓，因此非常厌恶他，更偏爱他的弟弟共叔段。武姜多次向武公请求立共叔段为太子，但武公没有答应。如今，武公去世，武姜和共叔段便试图夺权。武姜先替共叔段请求分封到制邑去。由于制邑是军事要塞，郑庄公没有答应。接着，武姜又替共叔段要求分封到易守难攻的京城，郑庄公只好应允。

共叔段一到京城便开始加高加宽城墙。郑国大臣对此颇有意见，大夫祭仲说："对于都邑城墙的高度，先王都有规定，如今共叔段不按规定修城，您应当阻止他，以免酿成后患。"郑庄公自然明白这个道理，可他心里另有打算，说："我母亲希望这样，我有什么办法呢？"

看到郑庄公没有采取任何措施，共叔段更加放肆。他下令让西部和北部边陲的守军听命于自己，并私自占领了周围的城邑。这让郑国将士们愤愤不平。公子吕对郑庄公说："如果不及时制止他，军队就会被他掌握了。"郑庄公并不着急，只说了一句："多行不义必自毙。"共叔段见哥哥仍旧没有反应，便更加猖獗。他聚集粮草，修治武器，扩充军队，并和母亲串通好准备起兵。这一举动让百姓义愤填膺。郑庄公知道共叔段起兵的日期后说："时机到了！"接着，派公子吕率兵攻打京城。共叔段没有防护的准备，只好撤退到鄢。郑庄公派大将打到鄢地，共叔段被迫逃亡出国，不久后被逼自杀。

郑庄公是个高明之人，遇事能忍善藏。面对母亲与胞弟串通一气为自己制造的麻烦，他能够隐忍不发，甚至为其封地。共叔段贪欲不足，大修城邑，他也能克制隐忍，藏起自己的智慧和意图，甚至让胞弟认为自己懦弱无能。实际上，他是故意让共叔段暴露自己的弱点，向世人昭显其滔天罪行，这样他就能够一出手便致对方于死地，又免去"不孝、不悌、不仁"的罪名。能忍善藏之后，第二步就是抓住最佳时机，该出手时就出手，给对手以迎头痛击，一举端掉国内动乱的祸根。

郑庄公能隐忍克制，已经有大智慧了，他出手时机之准、行事之果断，更是展现了未来君王的强悍手段。

从这段历史故事中我们应该领悟到一点：无论是工作还是生活，如果与他人竞争，时机不利，那就要能忍善藏；一旦时机成熟，该出手时就要出手，不要拖延和含糊，否则就会给对方可趁之机，给自己带来麻烦。

别在强人面前逞威风

谋略思维

俗话说,一山不容二虎。若是在强者面前锋芒毕露、咄咄逼人,势必会引起彼此的刻意竞争。一旦竞争达到无法驾驭的状态,必然导致一个人被驱逐出局。

谋略解读

兵强则灭,木强则折。在强者面前,一个人只有藏锋敛迹、圆融通达,才能保全自己。如果偏偏在强者面前暴露锋芒,强出头、争面子,结果会给自己造成很大的伤害,有的伤害甚至永远都无法弥补。为人处世要知道进退,知道什么时候抬头,什么时候低头。在强者面前低下头是为了养精蓄锐,为了自保。硬要在强者面前展现强大,结果只能是鸡蛋碰石头,到时候梦想破碎,机会溜走,自己一败涂地,那就太不值得了。

因此,想要让自己的人生旅途一帆风顺,少一点挫折,就必须学会收敛炫耀之心,学会在强者面前低头,留待有用之身,才有机会变得强大,与曾让你低头的人一争高下。

谋略案例

春秋时期，郑庄公准备伐许。交战之前，他事先在国都组织比赛，挑选先行官。此消息一公布，众将领非常兴奋，都跃跃欲试，准备大显身手。

首先，众将要进行的是击剑格斗，他们各自都拿出看家本领，一争高下。几轮比试过后，最终挑出六个人，要参加下一轮的射箭比赛。在射箭比赛中，六个人各射三箭，谁射中靶心谁就是胜者。前面四个将领在射箭项目中，有的射在靶边，有的射中靶心。第五位上来射箭的人是公孙子都，他年轻气盛，一身好武艺，但向来目中无人。他搭弓上箭，三箭都射在靶心上。公孙子都昂着头，用眼角看了一眼最后的那位射手，接着退了下去。

最后上场的射手是一位老人，胡子有些花白。这位射手不是别人，正是当年劝庄公和母亲和解立下大功的颍考叔。颍考叔走上前，连射三箭，全部都射在靶心上，与公孙子都打了一个平手。经过两轮比试，他们两人进入最后的决赛。

这时候，庄公派人拉出一辆战车，说道："你们二人站在百步开外，同时来抢夺这部战车，谁先抢到手，谁就是先行官。"公孙子都轻蔑地看了颍考叔一眼，认为先行官一职非自己莫属。然而，谁也没料到，公孙子都跑到一半的时候不小心跌了个跟头，等到他爬起来的时候，颍考叔已经将战车抢到手了。公孙子都心里非常不服，拿着长戟就来夺车。颍考叔一看，拉起车来飞跑出去。此时，庄公连忙派人阻止，宣布颍考叔为先行官。经过此事，公孙子都一直对颍考叔怀恨在心。

颍考叔没有辜负庄公的期望，进攻许国都城的时候，他手握大旗率先从云梯冲上了许都城头。眼看就要大功告成，公孙子都抽出箭来，搭弓瞄准城头上的颍考叔射去，没有防备的颍考叔就这样被暗箭射死了。

锋芒太露很容易遭人嫉妒，更容易树敌。颍考叔之所以会被暗害，就是因为他不懂得明哲保身，在强势的公孙子都面前锋芒太露。

在社会中生存，如果不露锋芒，展现自我的才能，可能永远都不会得到重用；但是如果不懂得在合适的时候展露锋芒，就很容易遭人陷害。这样一来，即便你得到了暂时的成功，同时也为自己埋下了隐患。面对强者，施展自己的才华要适可而止。

有句话说，"花要半开，酒要半醉"，人生也是一样的道理。因此，无论你有多么出众的才智，一定要谨记：不要把自己看得太重要，更不要在强者面前逞威风。只有收敛锋芒，夹着尾巴，掩盖才华，才能有效地保护自己，并在将来有机会时再次施展才能。

懂得低头是勇者，善于借势为能人

谋略思维

> 求人办事是追求成功的一种策略，这并非低人一等，更没有贵贱之分。求人之时就要学会低头，激发他人的乐善好施之心，引起他人的同情，进而为办事扫清障碍。

谋略解读

一个篱笆三个桩，一个好汉三个帮，这句话流传了几百年，可见其中蕴藏了深厚的道理。天才也好，超人也罢，他们的特长和能力只不过局限于某一方面。即使是在自己熟悉的领域，个人的力量有时候仍显得微不足道，更何况在现实生活中，你几乎不可能永远只做自己熟悉的事。因此，几乎没有人做事时不需要与他人合作，寻求帮助也就在所难免。

追求成功时，低调求人有时候是一种策略。这并不是低人一等，更没有贵贱之分，而是在必要的时候放下架子，以羸弱之势博得强力支持，以最小的负力获得最大的成果。每个人都有同情心，即使是一个心肠再硬的人也不会冷酷到底。当我们求得别人帮助的时候，可以激发他人乐善好施之心，引起他人的同情，从而为办事扫清障碍。

谋略案例

东汉末年，奸臣董卓把持朝政，废立天子。天下群雄成立讨董联盟，要匡扶汉室。然而，十八路诸侯各怀鬼胎，讨董之事不了了之。长沙太守孙坚作为一路诸侯，依附在袁术麾下。袁术派孙坚讨伐荆州，孙坚被刘表麾下大将黄祖射死，留下孙策、孙权两个儿子。

孙策刚满十七岁，守孝结束后，就打算找袁术领回父亲旧部，东山再起，为父亲报仇雪恨。袁术见孙策仪表堂堂，能屈能伸，将来必能有所成就。他有心交好孙策，又不舍得白白交出兵马，于是准许孙策去丹阳募兵。袁术任命的丹阳太守吴景是孙策的舅父，凭借舅父的影响，孙策很快就拉起了一支数百人的军队。

孙策靠着这几百人击溃了丹阳附近的盗匪，打响了名声，又返回袁术处。孙策告诉袁术，要为他扫平江东。袁术这才同意将孙坚旧部中的千余人给了孙策。

孙策在平定江东的路上所向披靡，先后击败了江东势力较大的军阀刘繇、严白虎、王朗等人。袁术去世后，孙策将江东大部分地区收入囊中。孙策死后，孙权在孙策打下的坚实基础上建立了吴国。

孙策在沙场上勇猛无敌，人送外号"小霸王"，即便如此，为了取得最后的成功也要在袁术面前低头。正是因为他肯低头，才能打着袁术的大旗在袁术的根据地周围收拢士兵，抢夺地盘。可见，孙策不是有勇无谋的莽夫，而是懂得低头，更懂借势的强者、智者。

既然我们不是无所不能的，那么求人办事就是在所难免的。求人和维护自尊心并不矛盾，求人办事只是不过分绷着身板，适时地弯腰并借助一些巧妙的方法和婉转的方式，以达到自己如期的效果。如果一味依靠个人力量单打独斗，必然在取得成功之前就耗尽心力，难以为继。

博弈 下篇

第七章
四两拨千斤，缺陷也能成为"杀手锏"

能够制胜的一方，并非都是强者

谋略思维

纵观历史，我们会惊奇地发现，实力强大未必会一定取胜。很多时候，那些被人忽视的弱者，如果善使谋略，反而能够出其不意，取得最后的胜利。

谋略解读

冷眼观察四周，我们会发现，这个世界上大多数人和企业处在弱者的位置。那么，弱者怎么办？难道就不要生存了？现实是，有部分人认命了，承认自己弱的事实，却不再考虑由弱变强的事情。另外还有部分人，不承认自己弱，自认为是强者，不思进取，结果在竞争中被淘汰。

弱者要想取得成功，绝非易事，只有上进心显然不够，还要善用谋略。只有那些虽处弱势却自强不息，还能够运用智慧的人，才能逐渐由弱变强。

历史上，这种以弱胜强的事例屡见不鲜。它揭示了在胜利面前，强弱是平等的，胜利并不一定会拒绝弱者。能够用智慧和谋略制胜的弱者，人们往往会对其刮目相看。因此，不要过分迷信强大与优势，也不要忽略"弱"和"劣"的作用，那样才是真的"弱"。强与弱的区别在勇气，在谋略。

谋略案例一

春秋时期，吴国和楚国连年征战，祸事不断。

公元前519年，吴军再次进攻楚国州来。楚国慌忙召集周边的顿、胡、沈、陈、许、蔡六国之军，会师鸡父，准备火速救援州来。

统率吴军的吴王僚得知军情突变，敌我力量悬殊，急忙召集手下将领商讨应对策略。面对六国之军，众将领顿感陷入包围，皆面有惧色。吴国公子光见众将怯战，也有些担心，就对吴王僚说："楚军会集诸侯之师，实力远在我军之上，我军还是暂时避开锋芒吧。"于是，吴王僚就下令解除了对州来的包围，把部队驻扎到钟离。

吴王僚虽驻扎在钟离，但心里仍不踏实，就对公子光说：“楚军如此强大，敌我双方力量悬殊，为了安全起见，不如再往后撤一点。”

公子光笑道：“大王不必惊慌，我军后撤并不是逃跑，而是等待战机，怎能再往后撤呢？”

吴王僚有些底气不足，说："眼下形势敌强我弱，不用打仗就可分出输赢。"

公子光不以为然，说道："强大的一方不一定就绝对是胜者，否则的话，弱者早就灭亡了。楚军自恃兵多将广，一定会轻视我们，这样我们就能抓住战机了。"

楚军向钟离开来，挂帅的楚国令尹因病死于途中，继任的统帅威望不高，难以驾驭各路诸侯。于是，楚军和诸侯军无心恋战，率先撤退了。

吴王僚听说楚军退去，心情大好，便想趁机撤回。此时，公子光却认为最佳战机来临，不可错过，要吴王僚下令追击。吴王僚仍旧有些担忧，他害怕发动攻击会自取其辱。

然而，公子光却坚持道："楚军现在撤退，说明楚军内部已乱，他们不敢再战。诸侯军都是受楚国胁迫而来，不会真心为楚国卖命的。大王不应该只看到他们兵力多的一面，也应当看到他们战斗力不强的一面。我军虽弱，但万众一心，同仇敌忾，如果采用奇袭战术，一定可以大获全胜。"吴王僚采纳了公子光的建议。

途中，吴王僚怕中楚军的埋伏，就下令停止追击。公子光则竭力劝慰道："大王所虑，楚军自然也会想到，他们估计我军不敢再攻，我军正好打他个措手不及，必定大胜。"

吴王僚被说服，公子光建议"明日即攻"，吴王僚却认为明日是"晦日"，要选择一个良辰吉日再进攻。公子光道："'晦日'进攻，楚军更加疏于防范，反而对我军有利。我军志在获胜，何必计较这些呢？否则将会贻误战机！"

第二天，吴军发动全线进攻，楚军果然疏于防守，全线崩溃，彻底失败。

吴军原本想攻克楚国的州来，却没有想到战争形势出现逆转，遭到了以楚国为首的六国联军的疯狂反扑。面对数倍于己的强敌，如果吴国仍坚持原来的军事策略，无疑是以卵击石、自取灭亡。公子光见状，及时建议吴王僚调整战略部署，采取退让躲避的方针，等待战机。在公子光看来，这个时候的退让，是最好的谋略。

当六国联军准备撤退之际，公子光却认为机会来临，建议吴王僚抓住机会，在"晦日"发动袭击。谋略被运用到了极致，善谋的结果是，吴军将毫无防备的联军打得溃不成军，大获全胜，创造了以弱胜强的战绩。

在生活中，同样如此，弱小的一方还可以凭借谋略，寻找机会，瞅准顽敌软肋，及时采取措施，达到以弱制胜的目的。

谋略案例二

春秋末期，赵简子死后，按照递补次序，智伯瑶成为晋国正卿，大权又回到智氏家族。

智伯瑶执政后，极力发展家族势力，并设法削弱其他家族势力。他对韩、赵、魏三家的掌门人说："执政者应该以国家为念，晋国丢掉霸主的位置很多年了，我们每家献出一万户给公室，以增强公室的地位。"

韩康子、魏桓子明知这是智伯瑶打着晋国国君的旗号肥己，但慑于智氏家族的势力强大，不敢违命，各自乖乖地献出一万户。只有赵襄子拒绝这一要求，他对智伯瑶说："土地是我从先人那里继承来的，哪敢随便舍弃呢？"智伯瑶大怒，联合韩、魏两家一起攻赵。赵氏打不过三家联兵，便不断撤退。

危难之中，赵襄子想起父亲的教诲，率领军队回到老家晋阳。

智伯瑶很快率领联军围困晋阳。晋阳墙高沟深，粮食充足，可以暂时挡住敌军，但赵军的弓箭很快就用完了，只怕防御不能持久。这时一个家臣对赵襄子说："我听说先主公修建晋阳宫殿的时候，曾用荻蒿楛楚筑墙，为何不拆开看看?"赵襄子立刻命令众人拆掉宫墙,发现墙体是空的,里面藏了大量的荻蒿楛楚,这些都是制作箭杆的优质材料。赵襄子亦喜亦忧,对那人说:"箭杆是有了,可是制作箭镞的材料从何而来呢?"

家臣说:"先主公当年修建宫殿时,曾用大量的铜铸柱,正可一用。"

赵襄子大喜,采用家臣的计谋,立即命令众人将宫殿的铜柱拆下来,将其熔化后制作箭镞。

当智伯瑶率领三家联合攻城时,迎接他们的是密集的箭雨,联军受到重创。就这样,晋阳城被围困三年,依旧没有被攻破。一天,智伯瑶率领韩康子、魏桓子一起视察战场地形。看到晋阳东北的晋水时,他顿时心生一计,说道:"晋水绕晋阳城而过,如果挖一条人工河直通晋阳,堵住上游,等水足够多的时候,猛然掘开水坝,顺人工河而下的洪流,不就可以淹了赵家吗?"

说完,他因自己的足智多谋而哈哈大笑。韩康子、魏桓子听了以后先是一愣,随即也陪着笑起来。实际上,两个人心里苦得不得了。因为韩氏的封邑平阳(今山西临汾市西南)、魏氏的封邑安邑都有一条像晋水一样的河,大的城市建造在河流旁边,这是发展人口和经济的必然要素,但也容易遭到水淹。智伯瑶既然能用水灭赵,自然也能用水灭韩、魏。韩康子、魏桓子二人心里越想越怕。

晋阳城被水淹后，百姓们全都登上屋顶避难，吃住在屋顶上，但就是不投降。面对危若累卵的局势，赵襄子急得像热锅上的蚂蚁。这时候，他又采用家臣张孟谈的计谋，派其去说服韩、魏两家反水。当天夜里，张孟谈用一根从城墙上垂下去的绳子出了城，悄悄地拜会了韩康子和魏桓子，约他们一起反击智伯瑶。二人最初时还比较犹豫，经张孟谈说明其中利害，韩、魏终于同意反击。

第二天夜里，智伯瑶睡到三更，听到外面喊杀声不断，赶紧从床上爬了起来，发现自己的营帐里全是水。他以为是大坝溃堤了，赶紧叫士兵们堵住水口。可是一出帐门，他就见韩、赵、魏三家联军驾驶着小船，在攻击落水的智氏士兵，原来是韩、魏两家派人用水灌了智伯瑶的大营。智伯瑶没有来得及抵抗，就被处死了。之后，三家联军调转兵锋，杀向智氏的城邑，彻底灭掉智氏一族，并瓜分了他的地盘。

就这样，赵襄子以弱势之力获得了最终的胜利。

我们来看，在这场较量中，赵襄子可谓真正"弱"的一方。战争一开始，他就率领军队一退再退，躲避强敌，在晋阳扛下了敌人猛烈的攻击。弓箭射完了，就拆掉宫墙、宫殿造箭。最终，他听从家臣的计谋，寻得敌人的弱点，一举获得成功。不服输，善用谋略，这是他取得胜利的根本原因。

很多时候，劣势未必真的是劣势，善用智谋，将劣势变成优势，才是真正的制胜之道。无论是个人还是企业，都存在不完美的地方，如果能够正视自己的弱点，用谋略将其化为优势，就可以由弱变强、由小变大了。

无须完美，缺陷才是最好的保护色

谋略思维

> 这个世界上，有完美的人、完美的事吗？显然没有。金无足赤，人无完人。因此，如果在为人处世中处处追求完美，那无异于给自己的身心上了枷锁，终生难获自由。高明的谋略思维是，别把"完美"看得太重，缺陷也好，不足也罢，那都是成功最好的保护色。

谋略解读

世界上不存在完美的事物，有缺陷才是世界的本相。这就注定了追求完美是不明智的，也不会成功。原因很简单，因为任何事物都不可能达到十全十美，一味追求完美，只能是劳心劳身且终难实现。

在追求目标的过程中，我们一旦发现自己有缺点，就会为自己的缺点而忧心忡忡，有意识地掩饰一些自认为丑陋的东西。这些行为会导致我们不能正确运用智谋实现目标，甚至还会弄巧成拙。

真正聪明的人，往往是那些不以不完美为遗憾、不被不完美影响智谋的人。他们能够正确判断，恰当运用谋略成事，活得洒脱而超然。相反，那些处处追求完美的人，实际上是智慧蒙尘，终生难获自由，也难以走向成功。

谋略案例

崇祯皇帝是中国几千年皇帝史上罕见的勤勉皇帝，遗憾的是，他最终未能逃脱亡国之君的厄运。

崇祯17岁登基，登基后不久就将一手遮天的魏忠贤斩草除根，巩固了政权。但是，当时明朝已步入穷途末路，险象环生，可心高气傲的崇祯却想力挽狂澜，他训诫群臣说："如今局势动荡，全在用人不当、治心不切上，朕不会容忍你们骄纵无为、无心国事。"

然而，朝廷积弊已久，群臣对崇祯的话并没有当真。一日，崇祯到朝房中巡视，发现有一位大臣脱岗，就立即派人将那位大臣抓来斩首。一位大臣跪地求情："陛下励精图治是万民之幸，但也不能操之过急，况且该大臣素来勤勉，这次脱岗实属偶犯，还望陛下网开一面。"

崇祯十分愤怒，不但没有准奏，反而将求情之人严加惩办。他生气地说："你们官官相护、事事辩驳，难怪朝廷有诸多祸难，这都是你们导致的。朕不想当亡国之君，必须先清除你们这些亡国之臣！"

闻听此言，众大臣皆目瞪口呆、噤若寒蝉。

崇祯元年（1628年），出现罕见大旱，崇祯训斥群臣说："如今天怒人怨，都是你们冒犯天规闯祸所致！"

见崇祯如此霸气，礼部尚书钱象坤上奏说："天有天灾，人有人祸，皆有不同原因，陛下不要过于深责。臣以为当务之急是设法救灾，惩治大臣只会造成人心浮动，更不利成就大业。"

崇祯不顾君王斯文，将钱象坤大骂一通，并命群臣自我反省。群臣皆不服，私下议论说："皇上揽功推过实属不该，朝廷祸患由来已久，我们做臣子的又有什么办法呢？"

崇祯在位17年，朝中重臣竟换了50余个内阁大学士、10余个刑部尚书。对此，有大臣劝谏说："治乱非一日之功，陛下不要对大臣太过苛刻。大臣各有各的缺点，各方面都完美的人并不存在，陛下如果这样求贤，那么只会误事。"

崇祯刚愎自用，坚持认为："朕治国心切，怎能容忍平庸之辈占据高官显位？现在是多事之秋，非大贤难以拯救国家，朕不敢有任何疏漏。"群臣胆战心惊，都思保身之策。

一日，前方战事吃紧，崇祯召集群臣问计，可连问数遍，竟无一人作答。崇祯大怒："养兵千日，用兵一时，现国有危难,可你们这些酒囊饭袋却沉默不语,难道有这样为国尽忠的吗?"

"臣等愚钝,不敢妄言,一切还仰仗陛下明示。"群臣低声回答。

崇祯暴跳如雷,将诸大臣训斥一顿。事后,一心腹太监对崇祯说:"陛下对群臣严重不满,众人皆知,他们哪里还有勇气说话呢?陛下若想得到群臣相助,就必须对他们宽容一些。"

崇祯大声冷笑:"臣子无能,是国之不幸,朕只好独自挑担了。"

崇祯的固执,由此可见一斑,甚至死前他都没忘记责备大臣:"诸臣误朕也,国君死社稷。"

崇祯的勤勉固然值得称道,但其用人之法确实无法让人恭维,难道倾全国之力也找不出贤臣良将吗?显然问题出在崇祯的身上。他在用人时太过追求完美了。但人无完人,这种极端的性格影响了他对人、对事的正确判断。可以说,他已经变成"无谋"之人了。

回到现实生活中,不管是能力非凡的领导,还是精明过人的职员,如果想事事处处零缺陷,恐怕只能是一厢情愿。当谋略被"追求完美"的思绪挤到一旁时,这个人必然会失去正确判断,离完美越来越远。

上位者不忌惮愚人，却忌惮聪明人

谋略思维

> 一般来说，上位者都会忌惮身边的聪明人。虽然聪明人办事省心，一点就透，但他们的聪明，有时会成为上位者的威胁。那些言听计从的愚笨者，往往是上位者最放心的爱将。因此，顶级的谋略思维是，你即便很聪明，也不要表现得太聪明。

谋略解读

上位者为什么不喜欢聪明人，更喜欢笨一些或者才不如己的人呢？一个主要的原因就是这样能够远离被顶替的风险，便于驾驭。因此，在谋略思维中，我们强调，笨人可以努力使自己变聪明一些，但聪明的人一定不要在上位者面前表现得太聪明。

古时候，封建当权者为了保住自己的权力和私利，不会真正像他们说的那样选贤任能、大公无私，只要对他们效忠，任何人都会位列朝班。只有这样，他们才会高枕无忧。

所以，我们必须明白，那些在上位者面前故意炫耀聪明，甚至故意让上位者出丑的人，绝非真的聪明，甚至愚蠢至极。与此相反，那些看似能力一般、水平欠佳的人，不仅不会被上位者指责水平和能力不行，甚至还能得到上位者的喜爱，这才是真正的大智慧、大谋略。

谋略案例一

三国时，曹操手下有个叫杨修的人，虽然聪明绝顶，但特别喜欢张扬。

一次，杨修和曹操骑马路过曹娥碑，只见碑背上刻有八个字"黄绢幼妇，外孙齑白"，曹操便问杨修是否理解这八个字的意思。杨修正要回答，曹操说："你先别讲出来，容我想想。"直到走过三十里路以后，曹操说："我已明白那八个字的含义了，你说说你的理解，看我们是否所见略同。"

杨修说："黄绢，色丝也，并而为绝；幼妇，少女也，并而为妙；外孙，为女儿的儿子，合而为好；齑白，乃受五辛之器，受旁辛字为辞。这八个字是'绝妙好辞'四字，是对曹娥碑文的赞美。"曹操感叹道："我的智慧比杨修足足差了三十里啊！"嘴里虽然这样说，可实际上曹操的心里并不痛快。

曹操修建花园时，工匠们在动工前请曹操审阅花园工程的设计图纸，曹操什么也没说，只在园门上写了一个"活"字。工匠们不解其意，忙去请教杨修。杨修说："丞相嫌园门设计得太大了。"于是，工匠们按杨修的提示修改了方案。曹操见改造后的园门，心里非常高兴，一问工匠，才知是得到了杨修的指点。曹操口中对杨修称赞有加，心里却暗暗嫉恨杨修的才华。

曹操是一个疑心很重的人，总担心被人暗害，便对左右的人说："吾在睡梦中好杀人，凡吾睡着，尔等切勿靠近。"一日，曹操午睡时被子滚落，一近侍便给他拾起复盖在身。曹操拔剑杀之，然后又倒头入睡，起床后却假意问道："是谁杀了我的近侍？"众人皆以实相告，曹操大哭，并命人将其厚葬。众人见曹操又是痛哭，又是厚葬，都认为是曹操梦中误杀，不但不怪曹操，还对他倍加赞颂。在下葬时，杨修却指着死者说："丞相非在梦中，君乃在梦中耳。"曹操听后，愈加嫉恨，便想找机会修理这位处处显摆的"能人"。

曹操平汉中时，连吃败仗。欲进兵，怕马超拒守；欲收兵，又恐蜀兵耻笑，心中犹豫不决。正赶上侍从把刚熬好的鸡汤端送过来，曹操见碗中鸡肋，沉思不语。这时有人入帐，禀请夜间口令，曹操随口答："鸡肋！"

杨修见令传鸡肋，便让随行军士收拾行装，准备归程。将士们皆不解，何以得知魏王要回师。杨修说："从今夜口令便知魏王退兵之心已决。鸡肋者，食之无味，弃之可惜，今进不能胜，退恐人笑，在此无益，不如早归。魏王班师就在这几日，故早准备行装，以免临行慌乱。"

曹操看到尚未颁布任何退兵命令，而全军上下早已一派班师回家之势，不免恼怒，一问方知又是杨修所导。曹操早就恨杨修才高于己，今见其又猜透自己的心事，便以扰乱军心定罪，杀了杨修。

杨修若是大智慧者，即使对曹操退兵前的矛盾心态了如指掌、洞悉见底，也应守口如瓶。同时，作为跟随曹操多年的贴身谋士，他对曹操生性多疑、暴戾凶残的性格也应有充分的了解。然而，杨修在这方面太自以为是了，认为曹操根本不会因此小事而取自己项上人头，这是他谋略上的失败。他太聪明了，聪明到只管炫耀自己，却忘记自己实际上是在贬低上位者，这样的谋略确实撑不起他的聪明。

不可否认，任何上位者都喜爱有才之士。问题是，他们一旦发现下属的才能远远超过自己，就宁可用奴才，也不用该下属了。同样的道理，在生活中，如果我们事事都表现得比领导强，就会让领导产生自己不如下属的想法。那么，我们的结局可想而知。因此，聪明人的顶级谋略，就是别让自己表现得太聪明。

谋略案例二

在北齐历史上，高洋是个了不起的人物。他颇有治国方略，在位初年勤于政事，削减州郡，整顿吏治，训练军队，加强兵防，使北齐在很短的时间内强盛起来。他也非常提倡以法治国，不管是皇亲国戚还是平民百姓，都同等对待。他的一系列举措，对振兴经济、改善民生、优化社会管理、强化军事方面都起到了大大的推动作用。

但是这样一位敢作敢为的明君，在登基之前却是一个沉默寡言、呆滞木讷的人，不仅如此，他还常常被兄弟嘲笑或捉弄，就连自己的夫人被哥哥欺负，他也装作没看见。为什么会发生这种奇怪的事情？其实，这一切都是他故意为之。

少年时期，高洋并不是什么所谓的"傻子"，而是一个不折不扣的"神童"，在学习上风头胜过兄弟，但他的聪明却让哥哥高澄有了危机感，甚至对他产生了杀意。发现哥哥对自己的态度有了明显变化后，高洋开始变得"痴呆"起来，智力明显退化，其中，表现明显的就是脸上整日挂着两行鼻涕，从不知道擦拭。

父亲高欢去世后，高洋越来越呈现出一派弱智儿的迹象，整天沉默寡言，就算在家里单独与妻子共处时也一言不发，对大哥高澄的话更是言听计从，从未提出过半点不同见解。

从这以后，高洋离政坛的距离也越来越远。他的兴趣不再是军政要务，而是给妻子做一些精巧好玩的小玩意儿，有时候还被大哥高澄夺走。但高洋从不生气，像傻子一样憨憨地笑两声："这玩意儿我还可以做出来，大哥想要就给他呗！"

高洋之所以装疯卖傻，目的只有一个：保住身家性命，暗自等待真正属于自己的机会！

刚开始，高澄对这个少年聪慧的弟弟还有些怀疑和戒备。后来，在他当着弟弟的面调戏弟媳时，这个弟弟也显得无动于衷，他就彻底相信弟弟的大脑的确出了问题，自此再也没有把弟弟看作自己的政治对手。

这正是高洋想要的结果。

看似窝囊的高洋，就这样利用大智若愚的智慧，躲过了哥哥对自己的迫害。他之所以忍常人之不能忍，是在等待反击的时机。正是他的装傻，才使得他存活下来，并最终把握时机登上帝位。

549年，高澄凭借高超的武功平息叛乱，收复国土，威名远扬，眼看就要取代东魏傀儡皇帝的时候，却乐极生悲，被厨师兰京刺死。出事那天，得到消息的高洋非常镇定，立刻率领一支人马火速杀向事发现场，以少年时代练就的"快刀斩乱麻"的行事风格，迅速处死了杀害大哥的所有人，并封锁消息，对外宣称："家奴闹事，大将军只受了点轻伤，谁都不用慌！"

紧接着，高洋赶回晋阳接管兵马大权。当高洋带着大队人马前去平叛的时候，众人才看到，那个脸上常年挂着鼻涕的弱智儿彻底不见了，代之而来的是一个面色冷峻、气宇轩昂的英武青年。随同他来的，是八千名早就受过严格训练的佩刀武士。随同高洋登上宫殿台阶的就有两百多人，他们个个捋起袖子、扣刀露刃，宛如面对强敌。

从这之后，高洋一扫往日形象，大会父亲往日的旧朋老友，以"神采英畅，言辞敏洽"的表现令原先一直把他当作白痴的人刮目相看。他大刀阔斧地进行肃反运动，头衔一路蹿升，直至晋升为齐王，还令亲信到处散布由他来掌控天下的消息。尽管反对声音远远盖过赞和之音，但从高澄之死到接管政权，到逼傀儡皇帝让位，高洋用果断的办事风格，仅花了短短八个月的时间，就做到了很多权臣一辈子也未必做到的事，开创了北齐王朝。

不满弱冠之年的高洋，怎么会有如此深的城府？原因很简单，权力的中心，始终是伴随着刀光剑影的，兄弟相残、父子反目的事，不胜枚举。在这种环境下长大，高洋早已变成一个智谋成熟的人。尤其是当知道大哥高澄也做着皇帝梦时，他明显地意识到自己已经面临生存的考验。为了自保，他显示出过人的谋略，故意拉低智商，让哥哥看轻自己。

如此谋略，不仅救了他的命，更让他有了翻盘的机会。

与上位者相处，看似简单，实则暗藏凶机。我们不妨适当用点谋略，笨一些，在明显的地方故意留一点儿瑕疵，让人一眼就看见。这样一来，即便我们木秀于林，也不会面临"枪打出头鸟"的危险。

学习做个谋略高手吧，适当把自己的位置安置得低一些，就等于把别人抬高了一些。这样，不仅能让上位者放下敌意，还能收获善意和好处，何乐而不为呢？

暴露缺点，甩掉遮掩短处的包袱

谋略思维

> 世上真正超然的人之所以稀少，就是因为大多数人喜欢遮掩丑陋，宣扬优点。顶级的谋略思维，则是不在乎出丑揭短。在聪明人看来，缺点不仅不需要遮掩，反而是前进的磨刀石。

谋略解读

人是万物之灵，是大自然的精品，是造物主的杰作。这固然有许多值得夸耀的成分，但并非完美无缺。因此，任何人都会有缺点。

那么，发现缺点应该怎么办呢？聪明人会勇于承认自己的错误，暴露自己的缺陷，并努力修正，这是"谋划未来"的思维。愚笨者则不愿意承认不足，会为自己的错误辩解，为缺陷辩护，这会导致将来犯下更大的错误。

所以，无论在任何环境中，真正有谋略思维的人，从不刻意花费过多精力和时间去掩饰自己的缺点，这样才不至于将自己置身"疲于掩饰"的怪圈中。他们深知,一味地讨好和迎合别人都是虚伪的,只有显现短处、暴露缺陷的人才能活得真实自在,且更有助于提高自己的能力和修养。

聪明人在追求成功时都会先抛掉"缺点"这个心理包袱,把精力用在谋划未来上。

谋略案例

战国时期,由于魏文侯敬贤尊圣,仁爱治国,具有很强的凝聚力,各诸侯国都钦羡魏国。

大臣魏成子声望颇高,魏文侯就让他举荐贤人。魏成子举荐了卜子夏、田子方、段干木三人,并且强调说:"卜子夏是孔子的弟子,博学多识,主公如有疑难,尽可向他请教。"

这让魏文侯感到相当惊讶:"你的才学已经令寡人敬佩不已,难道还有比你更有见识的人吗?"魏成子却十分谦虚地说道:"臣无法和卜子夏相提并论,主公一旦见了卜子夏,就能感觉出臣的浅薄了。"

提到田子方,魏成子评价说:"田子方胸怀宽广,誉满天下,而臣却喜怒无常,不可避免地会有私心杂念,田子方却是绝对的光明磊落,主公务必要用此人。"

魏文侯有些疑惑,问道:"你为什么把田子方夸得这么好,而一味地暴露自己的缺点呢?"

魏成子淡淡一笑说:"治国非同儿戏,臣不敢因私误国,只好以实相告。"

魏成子在推荐段干木时说:"以前臣总是以智多星自居,但在见了段干木之后,才知道臣实乃小巫见大巫。段干木若得重用,实在是主公之幸。"

魏文侯赞叹道:"以你的才能,竟对三人如此推崇,他们必是不凡之人,寡人定当重用。"

于是,魏文侯立即将三人召来,拜他们为高级谋士,时常向他们请教。

大臣李克对魏成子的举动大为不解,问魏成子:"一个人建立声望是很难的事,你为何为了荐贤而自毁声望呢?卜子夏等人的到来,不更是显出你的诸多短处吗?"

魏成子淡然一笑说:"国有栋梁才能兴旺,我个人的声望微不足道,如果因为我而埋没人才,我岂不是魏国的罪人?"李克感慨良多,对魏成子有了更多的认识。

一日,魏文侯召见李克,问他:"寡人想在魏成子和翟璜二人之中选相,你看谁更胜任呢?"

李克推辞说:"选相实为国之大事,臣不敢妄言,请主公自决。"

魏文侯却坚持要李克表态,李克就说:"主公可依靠自己的判断,看他平时亲近什么人,富有时结交什么人,升官后举荐什么人,窘迫时看他干什么事,贫困时看他是否贪求什么东西，凭这五点就足以判断一个人了。"

魏文侯点头赞许："你说得不错，寡人心中已经有数了。"

后来，李克拜访翟璜，翟璜问起选相之事，李克说："我猜主公一定会选中魏成子，你就不要奢求了。"

翟璜不服说："我哪点比魏成子差呢？西门豹、乐羊和你都是我推荐的。"

李克一笑说："可你举荐的人，才能都在你之下，包括我在内，何况你想借此巩固地位。一国之相是要抛却私心杂念的，所以你不适合此职。魏成子推荐的人，主公以老师待之；你举荐的人，主公却以臣下对待，因此，你比不上魏成子！"

翟璜心悦诚服。不久，魏成子升为宰相。

魏成子虽然才高八斗、学识渊博，但却不孤芳自赏、自我陶醉，而是自报其短，结果却赢得了一人之下、万人之上的宰相宝座。这虽然看似自谦，其实也是他的"谋略"。他坦诚地示人以短，却赢得了上位者的赞赏和信任。

因此，在生活中，我们不一定非要以自己的强项示众。顶级的谋略思维是适当地以自己的短处示人，不仅不会把自己推到"德不配位"的尴尬境地，还能提升自己，赢得更多人的尊重，何乐而不为呢？

愚以愚胜，是愚人成功的途径

谋略思维

> 好高骛远，就如同目光短浅一样，都是缺乏远见的表现。立足现实、放弃幻想，选择一个通过努力可以成功实现的目标，才是愚笨者的成功谋略。事实上，所有愚笨者的成功谋略都大同小异，那就是笨有笨招。

谋略解读

物有万别，人分九等。由于所处的环境、接受教育的程度，以及个人的勤奋状态和禀赋差异，乃至主攻方向等的千差万别，导致不同的人在智商上是有差异的。不过，历史发展告诉我们，大智者未必就一定有大的作为，所谓的愚笨者，只要用对谋略，未必就是碌碌无为的平庸者。

很多时候，笨人用笨的招数依然可以达到目的，倒是那些自以为聪明的人，往往投机取巧，寻找所谓的捷径，结果却弄巧成拙。如此看来，笨人也好，聪明人也罢，谋略才是重中之重。有些自以为聪明的人之所以不成功，就是错把"投机"当成谋略。

翻看史书，我们可以发现，史上许多成功者并不聪明，相反却显得十分愚笨。也许正是因为愚笨，他们才不敢弄虚作假，只能靠着简单的谋略，坚韧不懈，最终在许多智者视作的畏途上，硬是杀出一条血路。

有时候，成功更偏爱"笨人"，因为他们的成功谋略虽然是笨方法，但却坚韧而大气。

谋略案例

东汉光武帝年间，董宣在北海任国相，不畏强权，对杀人犯法的当地大族公孙丹父子施以极刑，引发了公孙族人的骚乱。

董宣性格刚直，他命人将闹事的三十多人全部逮捕。但如何处置这些闹事者，衙门里的意见并不统一。多数人主张从轻发落，并向董宣解释说："这些人目无国法、胆大妄为，手持兵器公开闹事，确属罪大恶极；但这些人势力过大，家族众多，一旦惩治他们，恐怕会引发更大的祸乱。现在既然首恶公孙丹父子已经伏法，不如宽恕这些人，俗话说，强龙不斗地头蛇，免得将来招来不测之灾。"

董宣却坚持自己的观点，将他们通通杀掉。

后来，青州牧认为董宣杀人太多，便上书弹劾他。公孙家族又借机花重金贿赂朝中官员，结果董宣被定罪，关在死囚牢中。

一位好友去监狱探视董宣，抱怨他说："你只想为民除害，可你得罪的是豪门望族，你能惹得起吗？怎么不为自己的后路着想呢？放着好好的官位不坐，却蹲在这死牢里，这不是太傻了吗？"

董宣并不后悔，他义正词严地对好友说："我知道自己愚笨，可这正是我的特点，我为什么要改变呢？事到如今，我只恨恶人横行、苍天无眼啊！"

行刑那天，光武帝派人飞马赶赴刑场，在其人头即将落地之前赦免了他。光武帝又召见他说："你用法虽然苛刻，但不是出于私利，朕这次饶你不死，但你要记住这次深刻的教训。"

董宣死里逃生，恍然若梦。不少人前来祝贺，但也有提出警告的："你这次如果不是皇上开恩，早就人头落地了，以后可要学聪明些。"董宣表面应允，其实内心依然不服。

后来，董宣出任洛阳县令。一次，湖阳公主的一个家丁杀了人，藏在公主府中。董宣顿感事情棘手，他的下属建议说："湖阳公主与皇上手足情深，万万得罪不得，何况大人深受皇上恩宠，时下正是报恩的时候。再说，大人务必吸取以前的教训，可将此事压下，不予追究。"

董宣的脸色骤变，大声说："你把我董宣看成什么人了，我董宣可以丢官、丧命，但朝廷纲纪不能乱。别人可以装聋作哑，一推了之，可我董宣不会！"

于是，董宣趁湖阳公主出游时，带人捉住了那个家丁，并当场将其杀死。湖阳公主顿感颜面大失，遂告御状。光武帝大怒，想用鞭子抽死董宣。

董宣也做了必死的准备，他向光武帝磕头说："臣愚蠢至极，不会讨好皇上。不过，如果皇上因为臣不会卖乖取巧、纵容恶人而杀我，臣确实无话可说。"光武帝一怔，怒气稍消。

董宣大义凛然，说道："臣虽愚笨，但也知道明哲保身的道理，可臣受君恩，职责所在，故臣不敢。陛下是凭借宽厚仁德的圣明，才使得汉室实现中兴的局面，可如今却任由皇亲的家丁滥杀无辜，残害百姓！陛下将用什么法典来治理天下呢？"董宣说着，便一头向旁边的殿柱上撞去，碰得血流如注。

光武帝被董宣一番理直气壮的忠言，以及刚直不阿、严格执法的行动深深地打动了，赶紧令卫士把董宣扶住包扎伤口，然后说："念你为国家着想，朕就不治你的罪了。不过，你总得给公主一点面子，给她磕个头，赔个不是！"

董宣理直气壮地说："我没错，也无礼可赔！"

光武帝向两个小太监使了个眼色，示意他们把董宣搀扶到公主面前磕头谢罪。两个小太监照办。这时，年近七十的董宣用两只胳膊支撑着地，硬着脖子，怎么也不肯磕头认罪。两个小太监使劲往下按他的脖子，却怎么也按不动。

光武帝见此，就对董宣说："你这个强项令，脖子可真够硬的，还不快点退下！"

正是董宣傻得可爱的笨方法，才给中国历史上增添了"强项令"的典故。

其实，很多时候，蠢笨的人最简单。他们无须过多费心劳神，刻意用"假聪明"来遮掩拔高，只需沿着一条别人都不愿意走的路，用笨的招数、笨的策略，坚持走到终点。但是，这些笨招数、笨策略，往往能够创造出光彩照人的奇迹。

简单的人，凭借简单的谋略，也能成大事。

第八章
以道御术,方可通行天下

做人有底线,做事有界限

谋略思维

任何行为都包含利弊两个方面,我们一定要有权衡利弊的谋略思维。在行动之前,要清醒地考虑到可能出现的正反两种结果,既不能因负面影响而消极对待,也不能只看到好的因素就一意孤行。顶级的谋略思维是摆出利和弊,斟酌推敲,扬长避短,从大局着眼。

谋略解读

实践表明,任何经济、政治运作模式,都包含利弊两个方面,有利就有弊,有好就有坏。因此,无论做任何事,我们要始终树立正确的利弊观,既要看到有利的一面,也要看到有弊的一面,不能只见森林、不见泰山。

有利弊，就要有取舍。在做出选择和取舍时，我们既要两弊权衡取其轻，也要两利相权取其重，不能不知轻重，更不能不分轻重。同时，还要把眼前的利弊与长远的利弊综合起来考量，不能只图眼前之利，无视长远之弊。这才是顶级的谋略思维。

只有运用谋略思维，在平衡中衡量事情的正反面，公平、客观地处理事情，才能慢慢向成功靠拢。

谋略案例

春秋时期，吴国公子光认为自己的堂兄吴王僚夺走了自己的王位，于是发动政变，杀了僚，篡位自立，史称吴王阖闾。

就在这个时候，阖闾的另一位兄弟公子庆忌准备回国为吴王僚报仇。庆忌此人甚是了得，骨腾肉飞，走逾奔马，手能接飞鸟，步能格猛兽，矫捷如神，有一夫当关、万夫莫开之勇，在吴国号称"第一勇士"。他招纳死士，训练士卒，决心为吴王僚报仇雪恨。

听到此事，吴王阖闾立刻大为惶恐。这时候，伍子胥站出来，帮他物色了一名勇士，名叫要离。伍子胥与阖闾精心设计了一场苦肉计，最终使要离成功刺杀了勇猛无比的公子庆忌。

当时吴王阖闾正在上朝，伍子胥当着众人的面，极力推荐要离为将,带领吴军讨伐楚国。阖闾不屑一顾地看看要离说:"寡人观看要离之力,还不如一个小儿,怎么能够胜任讨伐楚国的重任啊!况且我们吴国刚刚安定下来,怎么能随意用兵打仗呢!"

听到吴王这么说,要离站了出来,道:"大王,您可真不是一个仁慈的人!伍子胥为您谋划夺得王位,平定了吴国,您难道不打算为伍子胥报仇雪恨了吗?"阖闾听闻怒不可遏,令大殿上的武士把他推出去斩断右臂,然后投入监狱,又把他的妻子抓起来。

所有大臣都不知道,这是吴王、伍子胥和要离之间已经设计好了的。后来,伍子胥又设计让要离越狱逃走,吴王再次震怒,下令杀死他的妻子。

庆忌到了卫国,要离闻讯赶来。当庆忌知道要离是从吴国来投奔他的,不免对他有一些怀疑。但是当他看到要离的断臂,并打听到他的妻子也是被吴王阖闾所杀,就相信了他,用他为心腹,令他每日训练士卒,修治舟舰,准备讨伐吴国。

一日,庆忌亲自率兵乘船攻打吴国。要离对庆忌说:"公子您应该亲自坐在战舰的船头,这样既可以鼓舞士气,又便于指挥船队前进。"

要离的建议,让庆忌觉得甚妙。于是,他走上船头,带领大军浩浩荡荡向前进发。忽然,江面刮来一阵强风,庆忌的战舰被风刮得摇晃不定，庆忌也随着船体的摇晃而坐立不稳。

就在这一刹那，要离感觉自己的时机来了！趁着颠簸摇晃，要离迅速掏出短矛，一举刺中庆忌。短矛透入心窝，穿其后背而出。身受重伤的庆忌，此刻才醒悟要离断臂的真正目的。庆忌不愧为天下第一勇士，他忍着剧痛，单手提着要离，把他的头投入水中，如此三次，然后把淹得半死的要离横放到膝盖上，笑着说："天下竟有如此勇士敢于刺我！"

这时候，庆忌身边的护卫冲了过来，但庆忌摇着手说："此乃天下勇士，怎么可以一日杀死天下两个勇士呢！还是放他回国，成全他吧！"说完，他就因失血过多而亡。

要离回国后，阖闾要重重地赏赐他并封他为官员，要离却婉言谢绝，说："我杀庆忌，不为发财也不为做官，而是为了吴国的安宁，让百姓能安居乐业。"与此同时，他也想到庆忌死前所说的话，心中不免产生一丝愧疚，于是拔剑自刎于金殿之上。

为了完成刺杀庆忌的重任，要离可谓付出良多。他首先是遭受断臂之苦，后其妻子被杀。他为什么能甘愿忍受断臂之苦、失妻之痛、家破人亡呢？是因为两害相权取其轻，在国家面前，他认为家破人亡只是"小弊"。因此，他毫不犹豫地选择了后者，这是他身为刺客的谋略思维。

在中国历史上,刺客之所以能够赢得自己的一席之地,关键在于对谋略的运用。与诸葛亮、张良这样的谋士相比,刺客的成就也许没有那么出众,但谁也不可否认他们运用谋略时,在取舍上的冷酷与睿智。

很显然,顶级的谋略思维都是善于权衡和取舍的,哪怕取舍的背后有着烟与火、血与泪。

恩威并施，容得下人，才能驭得了人

谋略思维

古往今来，许多掌握权力的人，为了巩固自己的地位和树立自己的权威，往往采用恩威并施的策略。实际上，不只是权力场，在任何环境中，要想逢凶化吉，转难成易，都需要根据形势变化，运用恩威相济的谋略思维，去谋人、谋事。

谋略解读

在行使权力时，很多人喜欢以权压人，去威慑别人，这并不符合谋略思维。

一味地实行强制手段和高压政策，并不能确保权力的有效行使，甚至可能会适得其反。只有那些懂得恩威并重的人，才是驾驭权力的高手。需要明白的是，"恩惠"并非软弱可欺，要善于软硬兼施，该软时软，该硬时硬，以达到最好的驾驭效果。

说到底，恩惠只是达成目的的一种谋略手段，是为了避免不必要的麻烦，也是为了笼络人心。当时机成熟时，应当机立断，乘势取胜，既能保护自己，也能靠近目标。

换种说法就是，不能一味地"软"，如果一直扮红脸，无异于纵人欺侮，但也不能一味地"硬"，如果总是黑着脸，会激化矛盾，不可收拾。顶级的谋略思维是，在追求恩威兼施的同时，把握好"恩"和"威"的度，这样才能有圆满的结果。

因此，"恩"与"威"作为一种谋略，或者作为一种手段，无论何种场合都不可偏废。从理论上讲，"恩"体现友善、修养、通情理，"威"则显示尊严、原则和力量。它作为软硬谋略的两个方面，存在的基础应是真实与合理，否则软硬兼施便成了狡诈，虽得逞于一时，终究必吃大亏。

谋略案例一

东魏政权虽仅存在了十多年，但却一直由高欢、高澄父子两人控制。

高欢是依靠鲜卑军人起家的，又得到汉族豪强的支持而夺得政权。上台后，他吸取尔朱氏失败的教训，留心接纳汉族士大夫，注意笼络鲜卑贵族。但是他对官员贪污聚敛、为非作歹的行为比较纵容，使得东魏吏治日趋腐败。

行台郎中杜弼上书要求高欢整肃吏治，高欢却说："天下贪污，习俗已久。今带兵的鲜卑将帅的家属部将都在关西，宇文泰经常派人过来笼络招降，他们也在犹豫观望；江东又有南梁萧衍，汉族士大夫都认为他是汉室正统。如果我急于整肃,势必会触动许多人的利益,恐怕鲜卑将帅将投奔宇文泰,汉族士大夫则投向南梁,那样的话,我们将无法控制局势,何以立国?还是等局势稳定之后再说吧!"

杜弼则不以为然,在高欢准备出兵攻打西魏时,再次要求高欢先除内贼。高欢问他:"谁是内贼?"

杜弼说:"谁掠夺百姓的财产谁就是内贼。"

高欢没回答,令军士排列在两边,举刀、挺矛、张弓,要杜弼从队伍中走过去。看到这阵势,杜弼吓得冷汗直流,战战兢兢。

高欢开口说:"箭虽在弦上而未发,刀虽举而未砍,矛虽挺而未刺,你便吓成这样。可是诸位军士却要冒着枪林弹雨,九死一生,他们虽有贪腐,但功劳还是主要的,能把他们看作常人吗!"

东魏的都城在邺,高欢却一直住在晋阳,将朝政委托给孙腾、司马子如、高岳和高隆之,人称"邺中四贵"。他们专恣朝政,骄横贪枉,权熏内外。

高欢既不想得罪权贵,也不愿看着他们变强大,便任命其子高澄为大将军,领中书监,大权尽发高澄。

太傅孙腾自以为是高澄父辈,又是功臣元老,进大将军府,不等招呼便坐下来。高澄看到他如此张狂,就给了他一个下马威,令左右将他拖下座,用刀背抽打他,并令他站立于门外。

高隆之随高欢起兵山东,也属于元勋级别,故高欢称其为弟。一次,高澄的弟弟高洋对高隆之叫了声"叔父",高澄马上沉下脸,骂了高洋一通,使高隆之下不了台。

高欢却趁机假装关切地对公卿大臣说:"孩子长大了,我也管不住了,你们要注意回避些。"从此,公卿大臣见了高澄都非常害怕。

尚书令司马子如是高欢的昔日旧友,位居高位,权倾一时,却不自重。他常与咸阳王元坦大肆敛财。御史中尉崔暹、尚书左丞宋游道等人先后弹劾他们,奏本写得非常严厉。

高澄将司马子如收押起来。一夜之间,司马子如的头发都急白了,他说:"我从夏州投奔相王,相王送我露车一辆、曲角母牛一头,牛已死了,曲角尚在。此外,我的财产都是从别人那里掠取来的。"

其实,高欢、高澄如此动作只是为了警告这些权贵,并非真要处置他们。高欢写信给高澄说:"司马子如是我的故旧,你应该宽待他一点。"

高澄得信,正在街上骑马,就立即令人将司马子如带来,打开枷锁。司马子如大惊失色,说:"莫非要杀我头?"

没想到高澄却放了他,但也免掉了他和元坦的官职,其余涉嫌的大小官吏或杀或罢免，过去谁也不敢触动的案子都一一办妥。

几个月后，高欢再次看到司马子如时，他已憔悴得不成样子。高欢却亲昵地把司马子如的头靠在自己的膝上，为他捉头上的虱子，又赐给他一百罐酒、五百头羊、五百石米。他对邺城的权贵说："咸阳王、司马子如都是我的布衣之交，与我的关系深厚，你们谁能超过他们？即便他们犯法，我也不能置之不理，你们可要小心啊！"

高欢父子一个扮白脸，一个扮黑脸，一个以旧恩笼络，一个以权力管束，恩威并施，巧妙施展权术谋略来驾驭公卿贵戚，取得了良好的效果。这就是恩威并施的谋略思维。

在待人处事上，我们也要巧妙运用恩威并施的谋略，既不伤和气，又能达到领导的目的。事实上，恩威并施的谋略，是上位者常用的驭人手段。恩威并施、刚柔相加，绝对比单纯的"硬"或者"软"，效果要好得多。

谋略案例二

明宪宗留给儿子明孝宗的，不仅是一个紊乱的朝政，而且是一个千疮百孔的国家。对于这些情况，孝宗在宫中为太子时已经有所了解。他即位之初，就着手改革弊政。起初，他把精力主要放在朝廷要员的人事安排上，待到这些问题解决之后，便开始注重对内忧外患的治理。

孝宗先是以钢铁手腕，逮捕了李孜省、梁芳等奸佞小人，使文武百官收敛不少。接着，他开始整顿吏制，将成化朝通过贿赂、溜须拍马发迹的官员一律撤换。改革首先从内阁开始，他罢免了以外戚万安为首的"纸糊三阁老"，起用许多正直贤能之士。他的这种强硬手段，使得朝廷上下呼声一片。

皇帝并不是一个"冷酷无情"的人，他出奇的宽和、善良，即使对当初迫害其生母的万贵妃家人，也表现出了极大的宽容。对万贵妃本人，他没有听从臣下的建议对她议罪。这一切都出于一个"孝"字，孝敬父皇，维持传统，以宽仁忠孝为主。也正因为此，他死后被定庙号为孝宗。

孝宗对臣下也非常宽厚、平和。当初，早朝的时候，孝宗亲御奉天门，大臣们言事，要从左右廊庑入门内面君而奏。有的大臣因地滑行走失仪，孝宗从不问罪，奏本中有错字也不纠问。经筵讲官失仪，他还宽慰数词，不使其慌恐。

一年冬天，孝宗夜晚坐在宫内，觉得天气寒冷，就问左右内臣："现在官员有在外办事还在回家途中的吗？"左右回答说："有。"他又说："如此凛冽且昏黑，倘廉贫之吏归途无灯火为导，会怎么样呢？"遂传下圣旨，命令后遇在京官员夜还，不论职位高低，一律令铺军执灯传送。这些事虽不算大，但作为一个皇帝能如此体恤臣下，也确属不易了。

孝宗恩威并施的谋略，很快便有了成效。弘治朝上下，吏治清明，任贤使能，抑制官宦，勤于务政，倡导节约，与民休息，是明代历史上少有的经济繁荣、人民安居乐业的和平时期，被史家称为"弘治中兴"。

不管是谁，哪怕是上位者的"知己"，只要触犯公司既定的规章制度，也必须受到应有的惩罚，这是"硬"。只有这样，才能更好地增强公司制度的威慑力。很多时候，"硬"必须存在。

然而，仅仅有"硬"是不够的，还得有"柔"。要想让员工死心塌地跟随自己，任劳任怨，一同创造事业，还必须给予他们生活上的关怀、鼓励，给予他们情感上的温暖，这就是"柔"。恩威并施、刚柔相济所能取得的效果，绝对比一加一更大、更好。

顶级的谋略思维，永远绕不开"恩威并施"。

以诚待人，是走向人心最好的"通行证"

谋略思维

> 疑人不用，用之不疑，就是给人以充分的信任，创造良好的前提条件让其独立地发挥才干。既然委之以事，就要有放手让权的气魄。敢于大胆放权，这是掌权者必备的谋略思维。

谋略解读

疑人不用、用人不疑是古训，是管理学上非常重要的谋略，也是掌权者应当深谙于心的道理。

这其实是一个很简单的道理——对于那些感觉靠不住、没把握、不放心或认为他们有问题的人，做事之初就不该委以重用。既然不放心，为什么还要用呢？不是纯粹找不痛快吗？对于那些自己感觉不错、认为可用之人，就要放下顾忌，放心使用、大胆使用，坚信其能把任务很好地完成。

用而不信，不仅会影响事情的推进，还会打破平衡状态，使上下级之间的矛盾凸显。因此，顶级的谋略思维是：要么不用，要么就放心大胆地使用。

谋略案例一

战国时期，魏国的国君魏文侯派大臣乐羊率军攻打中山国。因为中山国国君的重臣乐舒恰是乐羊的儿子，所以朝廷中私论颇多，大家认为乐羊虽会打仗，但这次肯定不会全心全意为国尽忠。

乐羊抵达中山国后，决定用围而不战的战术攻城，所以一连数月，不动一兵一卒。于是，私论成了朝论，弹劾他的奏章像雪片似的飞到魏文侯的手中。魏文侯不动声色，反而派遣专使带着礼品、酒食远道慰问乐羊，犒劳他指挥的军队。流言愈益沸腾，魏文侯索性大兴土木，给乐羊建了一座漂亮的别墅。

终于，乐羊按计划攻克了中山国，得胜回朝。魏文侯特意为乐羊举行了盛大的庆功酒宴，并赏给乐羊一个密封的钱箱。乐羊回到家后打开一看，不禁感动万分。原来，箱子里装的不是魏文侯赏给他的金银绸缎，而是满满一箱在他攻打中山国时大臣们弹劾他的秘密奏章。乐羊这才明白，如果不是魏文侯的全力庇护，不要说攻打中山国的任务不能完成，就连自己的性命恐怕也难以保住了。

与此同时，秦穆公也留下了一段用人以信的历史佳话。秦国当时与晋国争霸，恰逢晋君病逝，秦穆公想趁此机会假道晋国灭掉晋的友邻郑国，于是派了孟明视、西乞术、白乙丙三位大将出征。没想到秦军进入晋国的高山峡谷时，遭到了晋军的伏击，秦军全军覆没，三位主将被活捉。

晋国为了羞辱秦国，不杀孟明视等，反而将他们押送回国，请秦自处。秦国举朝羞愤，三位将军也恨不能立刻以死谢罪，但秦穆公却身穿白衣素裳，亲自到郊外迎接他们，并为未能生还的将士痛哭祭奠，然后向全国发布引咎自责的《秦誓》。他说："孟明视等都是杰出的将才，只是因为我的错误决断，才蒙受了这样的奇耻大辱。胜败乃兵家常事，我相信他们一定会为我们的国家报仇雪恨。"

一年之后，孟明视率师伐晋，又遭惨败。秦穆公不顾大臣们的反对，仍然让他位列将相，并帮助他整顿军政。孟明视等发誓要报此知遇之恩，定要实现《秦誓》中的誓言。他们厉兵秣马，整整三年，三人再度伐晋，势如破竹，压过全境，晋军大败，只得求和。此战大振秦国国威于天下，终于使晋国承认秦国已经振兴并享有同等权力的地位。

要做到用人以信、用人不疑，其实不是那么容易。除了能运用自己的权力给人创造发挥才能的条件外，还要能在流言如矢的情况下，持信而不移，并且在遇到困境时与下属同甘苦、共患难。同时，要以积极的态度参与其中，增强其信心，稳固其毅力，助其成事。这才是以诚待人、用人不疑的顶级谋略。只是言语支持、冷眼旁观并不付诸行动，显然不符合"诚"的谋略思维。

可以说，以诚待人、用人不疑，这种用人以信的品德，不仅体现了一种宽广的胸怀、临难不苟的气度，也彰显了一种高瞻远瞩的谋略眼光。用人用到像魏文侯、秦穆公这样的水平，何愁求不到贤才？

谋略案例二

魏文侯魏斯是三家分晋后，联合赵烈侯、韩景侯一起向周天子请封的发起者。韩、赵、魏三家晋国大夫，后来成为被天子认证过的正牌诸侯，魏文侯也就成了韩、赵、魏三家的大哥。魏文侯当大哥有一个准则，那就是立信。

魏文侯曾与虞人约定，某天一起出去打猎。当天，魏文侯与一群官员饮宴，笙歌曼舞，殿内充满欢乐的气氛，宫殿外下着瓢泼大雨。魏文侯看了一眼沙漏，就站了起来，告诉客人，让他们继续饮酒观赏歌舞，自己要出去一趟。亲近的臣子就问他："今日如此欢乐，外面又下大雨，主公要去哪里？"

魏文侯说："我与虞人约定今天一起打猎，虽然饮宴十分欢快，但怎能因此失约呢？"说完，他就命令侍从官准备车马、弓矢，穿着避雨的蓑衣，朝山林里去了。

大雨如注，虞人以为魏文侯不会来了，没想到约定的时间刚到，魏文侯的车子就出现在他的眼前，顿时大喜过望。虞人只是个小官，但魏文侯不因他的身份低微就轻视他们的约定。正因为魏文侯连这种很小的约定都不违背，所以他得到了韩、赵两国君主的尊重。

三家分晋后，韩、赵、魏三国瓜分了晋国的版图。三国土地犬牙交错，他们都想将分散的地块整合起来，故而彼此之间离心离德。赵（此时尚未得到周天子认证，名义上仍是晋国大夫）的当家人先派使者秘密会晤魏文侯，希望联合魏国一起出兵，灭掉韩国，瓜分其土地，但遭到魏文侯的拒绝。魏文侯让使者把自己的话转达给赵献侯："我把韩国视作兄弟之国，怎能去打兄弟呢？"不久，韩国也派使者会晤魏文侯，目的与赵国一样。魏文侯同样拒绝，让使者转告韩武子："赵国是兄弟之国，我们怎能打自己的兄弟呢？"韩、赵知道了魏国的态度，十分佩服魏文侯。魏文侯为了消除彼此的猜忌，向韩、赵的当家人分析了当前的局势。

韩、赵、魏三家，赵国最强，韩、魏较弱。赵国无论是企图灭魏还是灭韩，都会导致韩、魏联合起来对抗；反之，赵国如果搞各个击破的阴谋，无论是联韩还是联魏，最终唇亡齿寒，得利的只能是赵。虽然赵国是韩、魏的最大威胁，但是两国联合攻赵，也不会获得更大的利益。

韩、魏联合的力量最多与赵国持平，打起来只会两败俱伤，自损元气。就算联合灭掉赵国，韩、魏两国也难以避免内斗。与其如此，不如大家诚心相待，抱团向外发展，打破困局。

魏文侯在外交上的努力，赢得了韩、赵的支持，彼此间没有了牵制，都走上了向外发展的道路。

小到人与人之间，大到国与国之间，都应当以诚相待，不相互生疑，不暗中猜忌搞小动作，这样彼此相处才能融洽，发展才能更加顺畅。魏文侯正是用其"诚"的发展谋略，赢得了韩、赵两国的信服和支持，从而保全了自己的战略地位。

在生活中，无论做什么事，以诚待人都是重中之重。作为员工，对领导、同事讲诚信；作为领导，以诚待人，用人不疑。如此，才能发展得越来越好。这便是"诚"的谋略思维。

敲山震虎，给别人机会，也给自己机会

谋略思维

> 任何人都有自己的软肋和盲区，再厉害的人也不例外。在交往过程中，如果对方难以控制或管理，不妨运用谋略，找适当的机会，轻轻敲打一下，往往会起到事半功倍的效果。很多时候，"敲山震虎"，比直接冲"老虎"嚷嚷，效果要好得多。

谋略解读

在战场上向敌人正面进攻，不仅伤亡巨大，而且未必有取胜的把握。因为正面进攻虽杀声震天、声势浩大，但其自身优劣也往往暴露无遗，不如采用曲线迂回的方式，反而有可能达到不战而屈人之兵的目的。

顶级的谋略思维是——能迂回就不正面，能震慑就不动粗，以最小代价换取最大收获。

在现实生活中，我们做人也是如此。尤其是作为领导者，更要有这种驭人谋略和控局手段。有时直接与下属正面交谈，虽苦口婆心，但未必能够取得好的效果，倒不如敲山震虎、暗示利害，让其心生惧意，自我检视，从而幡然醒悟。

谋略案例一

洪武年间，朱元璋感到日益年老体衰，就带着几分神秘告诉已经被内定为继承人的孙子朱允炆，说自己已为他选择了一个合适的人才，这个人一生都会效忠于他，并帮助他开创太平盛世。这个被朱元璋看好的人才就是方孝孺。

方孝孺自幼聪慧，6岁能诗，人奇其才，15岁即随父兄北上济宁，励志攻读，后师承宋濂。洪武十五年（1382年），受东阁大学士吴沉等举荐，他应征至京，太祖朱元璋有意测试其为人，见其举止端庄，学问渊博，就萌发了让他日后辅佐子孙之意，但观其身上有一种狂傲之气，却是为官之大忌。朱元璋认为有必要让他蛰伏一段时间，杀杀傲气才可重用，便对他说，一流的才华是用来治国理政的，而不是用来自我炫耀卖弄的，用厚礼遣他回家乡，拒绝留京使用。方孝孺这才有所顿悟，此后十几年，居家苦读写作，修身养性。

洪武三十一年（1398年），朱元璋驾崩，皇太孙朱允炆继位，改年号建文，称建文帝。他召方孝孺入京，任他为翰林侍讲学士。方孝孺经过多年的潜心修炼，果然变得十分谦虚，被建文帝委以重用。方孝孺也将建文帝视为知遇之君，对其忠心不二。后来，燕王朱棣发动了争夺皇位的战争。

朱棣夺得皇位后，他的第一谋士姚广孝曾跪求朱棣不要杀害方孝孺这样的人才，朱棣答应了姚广孝。南京陷落后，方孝孺闭门不出，日日为建文帝穿丧服啼哭。明成祖朱棣派人强迫他来见自己，方孝孺却穿着丧服当庭大哭，拒绝归顺。后朱棣要拟即位诏书，大家纷纷推荐方孝孺，朱棣遂命人将方孝孺从狱中召来。

方孝孺当众号啕，声彻殿庭，朱棣也颇为感动，走下殿来跟他说："先生不要这样，其实我只是效法周公辅弼成王罢了。"方孝孺反问："成王现在何处？"朱棣答："已自焚。"方孝孺问："何不立成王之子？"朱棣道："这是朕家里的事，与外人无关！"并让人把笔给方孝孺，说："此事由先生写，天下人才信服！"方孝孺奋笔疾书写下"燕贼篡位"，然后掷笔于地，且哭且骂："死就死了，诏书不可写。"朱棣发怒道："你难道不怕连累九族吗？"方孝孺仰天大笑："你杀了我十族，又能如何？"

方孝孺从一个桀骜不驯的恃才狂人到死心塌地的忠臣，就是朱元璋用"一流的才华是用来治国理政的，而不是用来自我炫耀卖弄的"这句话旁敲侧击的结果。它一下子击中了这个才华横溢的读书人的软肋，让他最终成为"士为知己者死"的典型。

在生活中，我们也可能遇到一些不好对付的"刺儿头"或"钉子户"，那该怎样做呢？最好的谋略手段就是不正面迎战，因为他们往往"吃软不吃硬"，只要把准脉搏，寻找"罩门"，轻轻震慑一下，就能收到显著效果。这样的谋略手段，往往比正面对抗效果好得多。

谋略案例二

王猛少年时家贫如洗，为了糊口，年纪不大就贩卖畚箕。但他人穷志不穷，为人严谨、博学多才。东晋桓温曾许以高官厚禄，王猛认为东晋王朝已腐败，坚辞不就，后来经人推荐认识了苻坚。

没想到，二人一见如故，苻坚大为高兴，于是把王猛留在身边，即位后拜王猛为中书侍郎。当时，京师的西北门户始平县豪强横行，百姓叫苦连天。苻坚派王猛为始平县令前往治理。王猛执法严明，雷厉风行，下车伊始就把一个作恶多端的奸吏当众打死，敲山震虎，让奸吏惶恐不安。奸吏们为了活命联名上告，并勾结执法官将王猛逮捕，押送到长安狱中。

苻坚听闻大惊，亲自到狱中责问王猛："当官理政要把仁义道德放在首位，怎能上任就杀人？"

王猛从容地说："治理安定的国家要用礼，治理乱世要用法。我一心为陛下铲除奸暴不法之徒，现在才杀掉一个奸吏，还有千万个奸吏在不断地扰乱社会治安，如果陛下认为我不能消灭奸吏，安定社会治安，我甘愿受惩罚，若说我太残酷，我实在不能接受。"

苻坚听罢，打心眼儿里高兴，认定王猛是治理乱世的干才，于是就向在场的文武大臣说："王猛可真是管仲、子产一类的人物啊！"于是，当即赦免王猛，以后对他更加信任。

王猛一介寒士，连续得到苻坚的重用提拔，一些元老显贵十分不服气。姑臧侯樊世是随苻坚入定关中的氐族豪帅，他居功自傲、当众侮辱王猛说："我们与先帝共兴大业，辛苦耕耘，你无汗马之劳，凭什么坐享其成？"

王猛听到这话冷笑着对他们说："让你去耕种还算便宜了你，还想让你当屠夫做厨子呢！"

樊世听了更是勃然大怒，说："姓王的，走着瞧，若不把你的脑袋割下来挂在长安城门上，我就不配活在这世上。"

苻坚得知此事后说："如果放任樊世之流跋扈，朝纲就无法整肃。"

后来，樊世进宫，又和王猛当场争吵起来。樊世破口大骂，并举起拳头想打王猛，被左右拉住。苻坚见樊世如此狂妄，当即下令把他拉出去斩首。

樊世被杀，引起轩然大波，一些人纷纷到苻坚面前诋毁王猛。苻坚非常生气，除责骂外，还举起鞭子把他们揍了一顿，这才平息了这场风波。但仍有一些氏族显贵，自恃皇亲国戚，恣意妄为，强德就是其中一个。他倚仗自己是强皇后（苻健皇后）的弟弟，酗酒行凶，抢男霸女，胡作非为。王猛对此早有耳闻，一天他又见强德在大街上胡闹，当即决定逮捕强德，斩首示众，陈尸街头。随后王猛又和御史中丞邓羌通力合作，全面查处扰民乱政的权贵，接连诛杀了二十多个不法的贵戚豪强。

这一下，京城内外百官震肃，豪强贵戚无不老实守法，社会风气大为好转，出现了路不拾遗、夜不闭户的良好秩序，老百姓拍手相庆。苻坚看在眼里，喜在心头，深有感触地说："现在我才知道天下有法制对于治理国家来说有这么多的好处。"

王猛利用敲山震虎的谋略，帮助苻坚整肃了朝政。"敲"一个不够，就多"敲"几个；"敲"得太轻不行，就施以重刑。终于，当处死强德，又接连诛杀了二十多个不法的贵戚豪强时，那帮蛀虫老实了，再也不敢违法乱纪了。敲了山，震到了虎，让社会风气好了起来。

我们在生活中也总会遇到一些自以为是的"虎"。如果放任不管，他们会认为我们软弱可欺，无招可使，就会更加嚣张。但这样的人，往往又是有能量的人，难以管理，这个时候，就可以震慑一下了。

不正面对抗，适当震慑，才是最具效果的管理谋略。

各司其职，到位而不越位

谋略思维

无论做任何事，都要讲究一个"度"的问题。事情要做好，责任要尽到，但不能越位。过犹不及，会让事情变得糟糕。顶级的谋略思维是，事事要到位，事事不"越位"，如此才能取得最佳效果。

谋略解读

我们每个人都有自己的舞台。在这个舞台上，我们或是美，或是丑，都在努力演好自己的戏，过好自己的生活。这个舞台就是我们活动的空间，我们再辗转腾挪，也会在这个舞台上，否则不仅会失去"舞"的意义，还会带来不好的结果。

但实际生活中，总会有人越过舞台，做一些"过度"的事情，闹出"过犹不及"的笑话。还有一些人，该到位的时候不到位，也很难把事情做好。这些都不符合谋略思维。顶级的谋略思维是，每个人都要严守界限，做到"到位不越位、有为不乱为"。

谋略案例一

暮春的一天,汉宣帝的丞相丙吉带着几个随从,坐着马车外出办事。

马车正在长安大街上行驶,前面的道路却被堵塞了。原来,刚才有一群人在这里斗殴,打伤了好几个人。

众人见闹出人命,惊慌不已,议论纷纷,都不知怎么办才好,以致见到丞相的车来了也没来得及回避。车夫把马车停了下来,他想丞相一定会让人了解斗殴的情况,然后加以处理。可是丙吉却像没有看见路上发生的事一样,挥挥手叫车夫继续前行。

车夫一挥鞭子,马车继续前行。刚出城,丙吉看到一个农民正赶着一头牛往前走,那牛一边走一边喘气,还不时把舌头吐出来。丙吉马上叫车夫把车停下来,并对一个骑马的随从说:"你去问问那个农民,他赶着牛走了多少里路,为什么牛会喘气不止?"坐在丙吉旁边的一个下属官员对丙吉的举动很不理解,不禁问他说:"大人刚才对人命关天的事视而不见,现在见到一头牛吐舌喘气却停车询问,是不是有点重畜轻人、不够妥当呢?"

丙吉听后回答说:"你错了!市民斗殴,应该由长安令、京兆尹等官员去处理。丞相的职责是考核这些官员的政绩,然后奏请皇上进行赏罚。作为丞相,没有必要事事都亲自过问，而应该关心国家大事，所以我没停下车来管那些打架斗殴的事情。"

"那大人为什么又如此关心这头牛呢？"那位官员还是感到不理解。

丙吉继续说："至于这头牛的情况就不同了。现在还是春天，照理说天气还不应该太热，但我却见这牛热得吐舌喘气。如果是因为已经走了很远的路当然也不奇怪，但如果是没有走多远的路，而是因为天太热吐舌喘气，那就说明今年的天气不正常，农事会受到影响。这可是关系国计民生的大事，正是做丞相的人应该关心的，所以要停下车来了解情况。"

那位官员这才明白过来。

身为朝廷官员，遇到人命关天的案件不管，却关心一头牛为什么会吐舌喘气，丙吉的做法似乎有些"德不配位"。但实际上，他却巧妙地揭示了什么叫作各司其职，到位而不越位。作为丞相，他的职责是体察民情、化解民忧，牛吐舌喘气可能说明天气不正常，事关农事，这在他的职责范围之内，因此要细细询问。人命案件虽然重大，却不该他插手，而是应由地方官负责。他如果插手，就属于"越位"了。越位管理，危险极大，有着顶级谋略思维的丙吉，显然不会犯这样的错误。

在生活中，我们有时也会遇到类似的情况，但要明了，统治的权谋和管理的艺术，一定是做该做的事，不该做的事不做，绝不越位。专业的人做专业的事，各司其职，相互配合，事情才能越做越好。

谋略案例二

萧何是刘邦起家班底中最具管理才能的人。从刘邦沛县起义开始，他就承担了刘邦事业发展中钱粮筹划、人员调配、物资输送等重要工作，堪称合格的管家。

在人才引进和战略规划上，萧何同样功不可没。他为刘邦引荐了精英人物韩信，从而助力刘邦的事业一日千里。当刘邦大军进入咸阳，团队中的大多数成员沉迷于成功的喜悦之时，他却想好了帝国的发展道路，率先将秦朝有关国家户籍、地形、法令等的图书档案收集起来，为日后国家朝着更远的方向发展做准备。

按理说，以萧何的才能，以及多年追随刘邦的感情，刘邦应该对他有足够的信任，萧何也应该独掌大权，纵情享乐才对。但事实上，并不是这样。虽然萧何功劳很大，但在后期，因为利益关系，刘邦并不是很信任他。

天下大定后，刘邦先后将韩信、彭越和英布清除出局。在刘邦亲征英布时，萧何与太子留守后方。与楚汉之争最危险的时期一样，刘邦即便在最忙碌的时候，也不忘问来自长安的使者一句："丞相在做什么？"使者如实回答："丞相除了兢兢业业地工作外,还善于安抚百姓,在百姓中有个好名声。"听了这话,刘邦默默无语。

萧何有个名叫召平的门客,原来是秦朝的东陵侯。当别人都在为萧何备受皇帝信任而祝贺他时,召平却穿了一身孝服。萧何斥责他没有规矩,他却告诉萧何:"你的死期不远了。"萧何大吃一惊,恭敬地询问,召平陈说了其中利害。萧何这才明白,自己做了太多的事情,有些事情在刘邦看来已经是"越位",这显然引起了刘邦的猜忌。

为了保命,萧何听从召平的建议,放下手上的大部分工作。不仅如此,他还有意败坏自己的名声,开始抢占民田,做一些伤害民众的事。《史记》载:"上乃大悦!"刘邦这才放了心。

凯旋的刘邦,在路上遇到的都是告御状的苦主,矛头直指萧何。刘邦于是责问萧何:"我封了你那么多的地你还不知足,为何还抢占百姓的土地?快快去向百姓请罪!"萧何知道戏还得演下去,吞下的土地是吐出来了,但他又向刘邦请命,说长安地狭人多,皇帝应该把自己的园林让出来,交给百姓耕种。刘邦认为这是萧何收了商人的好处才这样说的,所以将萧何投入监狱,命令廷尉审判。当然,刘邦很快就反应过来,将萧何放了出来,让其官复原职。

正因为处理得当,在为刘邦立下汗马功劳的臣子中,萧何成了罕有的几个善终的人之一。

如果萧何继续在丞相的位置上多做事、博名声，会有什么样的结局？很显然，他会同韩信等人一样，不得善终。上位者最忌下属越位，那是对权威的挑衅，对地位的威胁。因此，萧何用了一个妙招，让自己看起来"德不配位"，轻松打消刘邦的猜忌，这是他的谋略。

反观现在，在生活中，很多人，尤其是管理者喜欢越位管理，直接越过下属安排工作，甚至越两级指挥。无论是向上越位也好，还是向下越位也罢，都是管理的大忌，会造成管理的混乱。因此，聪明的谋略者，一定会恪守其职，绝不越位。

第九章
人生如战场，谋局才能谋成功

最高明的博弈，就是欲取先予

谋略思维

欲擒故纵中的"擒"和"纵"，看似矛盾，实际上它们之间有着非常微妙的关系。古代阴阳学说认为阴阳互变，矛盾也会相互转化。军事上，"擒"是目的，"纵"是方法。顶级的谋略思维是，要用暂时的"纵"，换来更长久的"擒"，也就是更丰厚的收获。

谋略解读

欲取先予，这是商家之道。无论商家做什么生意，都把盈利作为追求的目标。经商者想要赚钱，不妨转换思路，先学做"赔钱"生意。必要时吃点小亏，可能会取得意想不到的效果。当然，这种吃亏不是盲目地屈服，更不是软弱地退却，而是有目的、有计划地"纵"，是顶级的谋略思维。

同样的道理，在生活中，要想拥有事业上的成功，也绝不能一味地急于求成。很多时候，懂得吃小亏，有技巧地让步，反而可以保证目标的正常实现，同时使自己有利可得。眼前的吃亏，是为了获得更长远的利益，最高明的谋略就是欲取先予。

谋略案例

宋公子鲍胸怀大志，却长期隐忍不发。为了迎接宏图大志的早日到来，一直以来，他广纳人才，散尽家财，周济贫民，在百姓中有了很高的威望。

宋昭公七年（前613年），宋国出现罕见大灾，全国各地粮食告急。宋昭公却不理国政，终日奢靡无度。

公子鲍豪放地打开自家粮仓，给百姓放粮。他不但善于做公益事业，而且做得非常到位。凡是国中70岁以上的老人，都按月发放粮食衣物；并且不断派人到一些老贤之人、有功之臣的家中慰问，带去大量的生活用品；对于那些有一技之长的人，他都收在门下，宽待厚养。宗族亲戚，不分远近，凡有红白喜事，其费用全由他出。

可是到第二年，灾情并未得到明显改善，公子鲍的粮仓却早已空空如也。他又去找襄夫人借钱筹粮，救济苍生。

到这个时候，公子鲍已经赢得了良好的社会舆论，举国上下无不念其大仁大义，都愿意帮助他成为一国之君。襄夫人也不再支持自己的孙儿宋昭公，主动要求帮助公子鲍除掉宋昭公。

一天，襄夫人把昭公出去打猎的行程密告给公子鲍，让他趁机把昭公杀了。公子鲍权衡了当时的局势，觉得时机已经成熟，便让手下一员干将在军中动员："国母襄夫人有命，今日要扶立公子鲍为国君，我们要同舟共济，共同讨伐无道昏君，拥戴明主！"

由于公子鲍长期地恩泽四布，军中上下都对他敬仰已久，早就有扶持公子鲍主理国政之意，就连老百姓听闻公子鲍要夺取王位，也是拍手称快。

昭公刚一出宫，就被公子鲍派的人杀死了。公子鲍的亲信启奏襄夫人："公子鲍仁厚得民，宜嗣大位。"

于是，在众人的拥戴中，公子鲍成为国君，即为后来的宋文公。

公子鲍深得"欲取先予"的玄妙，舍弃了钱粮，换来了民心。他的"舍"不可谓不大，千金散尽，甚至粮仓空空，但即便是借，还是要"舍"。当然，他的"得"也不可谓不大，赢得天下，万众归心。

顶级的谋略思维，一定是先予再求，以舍博得。因此，处理任何事情时，我们都不妨学习公子鲍的谋略思维，确定好目标，掌握和控制好节奏，先予后取，以期拥有更大收获。

出其不意，才能让对手防不胜防

谋略思维

> 博弈时，出其不意，突使杀招，往往能取得意想不到的效果。原因很简单，突然攻击，会让对手意志混乱，搞不清楚状况，进而应付不了复杂的局面。顶级的谋略思维是，要用"突袭"击溃对手的心理防线。

谋略解读

古人有云：攻其不备，出其不意。此兵家之胜，不可先传也。意思是说，两军交战，在敌人没有准备时突然发起进攻，打敌人一个措手不及，在其意料不到的情况下采取行动，是兵家取胜的诀窍。

因此，攻其不备、出其不意，是作战指挥中高超的谋略思维，其实质在于要正确地捕捉、掌握和利用战机。

其实在生活中，很多时候，我们要想取得胜利，也应该灵活运用出其不意的谋略思维，让对手防不胜防。战机稍纵即逝，突然攻击不仅可以很好地把握战机，还能快速击溃对手的心理防线，让他们手忙脚乱，错失应对的时机，胜算当然更大。

谋略案例一

清太宗皇太极是后金第二代君主，天命十一年（1626年）在沈阳继后金汗位，第二年改元天聪。皇太极即位后，首先对内大力推行封建化改革，加强中央集权。其次，对外相继征服蒙古和朝鲜，并对明朝步步进逼。经过多次征战，他将西部边界扩张至锦州、宁远一线。天聪十年（1636年），皇太极改国号大清，正式称帝。

皇太极刚刚继位的时候，面临的形势十分严峻，外部受到明朝、蒙古、朝鲜的包围，处境处于孤立状态，而内部由于贵族分权势力的矛盾，冲突日益严重。他虽继承了汗位，但实际上是同代善、阿敏、莽古尔泰三大贝勒"按月分值"政务，权力分散，事事掣肘，徒有大汗虚名。

为了加强中央集权，推进封建化改革，皇太极决定采取各个击破的手段，打击、削弱分权势力，提高汗权。

天聪四年（1630年），皇太极出其不意，以阿敏弃守滦州、永平（今河北卢龙）、迁安、遵化四城的罪名，将其终身幽禁。天聪五年（1631年），莽古尔泰同皇太极发生口角时竟拔刀相向，皇太极抓住机会，又快速以"御前露刃"之罪革去莽古尔泰大贝勒衔。至此，四大贝勒仅剩他和代善两人。

天聪六年（1632年），皇太极在众臣没有反应过来时，废除了与三大贝勒"俱南面坐、共理政务"的旧制度，改成自己南面独坐，取得了大汗的独尊地位和权力。

继位之初，皇太极所掌握的力量，其实并不强于三大贝勒。甚至因为兄弟们的不服，他虽贵为大汗，却权力分散，事事掣肘。他深知要想削弱兄弟们的权力，硬碰硬肯定不行，于是便采用攻其不备、出其不意的谋略。

无论是阿敏，还是莽古尔泰，皇太极都是出其不意地对其采取行动，借着小事，在对方没有准备好的情况下，打他一个措手不及。当然，他的这种谋略手段也取得了自己想要的效果。最终，他成功地削弱了兄弟们的权力，改掉了旧制。

谋略案例二

明崇祯十一年（1638年），全国各地的起义军都遭到了各种联合势力的围追堵截，屡遭重创。张献忠所在的起义军被明总兵左良玉击败，本人也负伤退守谷城，处在官军的重重包围之中，形势岌岌可危。

脾气火暴的张献忠有点坐不住了，他急忙将所有将领请来，商讨下一步的计划。然而，众将如履薄冰、战战兢兢，唯恐一句话说错而惹恼张献忠，故都低头不语。

此时的张献忠有些不知所措，对众将说："大难临头，我心绪烦乱，无计可施，你们忍心这样对我吗？"张献忠这位昔日骁将的哀怜之语，让众将也禁不住抽泣起来。

就在此时，一位青年将领大声说道："官军对我们恨之入骨，不管怎样，他们都不会饶过我们，与其等死，不如拼死力战，或许还有条活路。"张献忠已经完全丧失斗志，哀声道此法不通。众将见素来善战的张献忠都深陷绝望，更感到大祸来临。

这时，一位中年将领越众而出，他大声喊道："死中求活，败中取胜，并不少见，主公何必如此气馁……"

张献忠止住哀声，说："我军现在如此狼狈，攻打强敌无疑是羊入虎口，难道你有什么通天之法？"

中年将领答道："在下不是圣贤，也无通天之法。不过，在属下看来，我军既为弱旅，也有好处，我们就当在'弱'上动动脑筋。"

张献忠感到不解，求这位将领进一步解答。中年将领接着说："从前主公强盛之时，只知猛冲猛打，不知有畏，结果暴露了实力，引起了朝廷的注意，被全力围击。现在我军元气大伤，如能派人向朝廷诈降，诉说我军困境，一旦我们诈降成功，以后遇到机会，便可以出其不意，攻其不备，再次翻盘。"

张献忠确实无计可施，就听从了中年将领的建议。他派人携带重金拜见官军中的陈洪范总兵，提出了归降的请求。陈洪范接受重金，并把此事禀报给熊文灿。熊文灿也一向主张"以抚代剿"，获此消息，心中暗喜，但仍有疑虑。陈洪范说："张献忠现在是穷途末路，战不能战，逃不能逃，死又怕死，他除了投降，没有别的选择！张献忠不傻，他保命归降朝廷，这样兴许还可以混个一官半职，大人就不要多疑了。"

经陈洪范这么一说，熊文灿也点头称是，正好可以借此捞取功名，就接受了张献忠的归降。

不过招抚后的张献忠拒绝接受改编和调遣，不接受官衔，保持了自己的独立性。他把四万人的部队分布在总部谷城的四郊，分四营，各设一员大将率领。休整期间，他集草屯粮，打造军器，招兵买马，训练士卒，暗中做好准备。

1639 年 5 月，也就是在他投降的第二年，张献忠趁着明军放松戒备，出其不意，在谷城重举义旗。因为爆发得很突然，明军没有做好准备，被张献忠打了个措手不及。借着这次机会，张献忠最终建立了属于自己的大西政权。

表面上看，张献忠的示弱可谓非常窝囊，尤其是向曾经的对手示弱，更是丢尽了义军的颜面。但是他的示弱并非真的示弱，他的投降也并非真的投降，而是在避开锋芒，积攒力量，以图东山再起。这是他的谋略。

事实上，他达成目标了。他的示弱和投降，让明军放松了警惕。正是在这种情况下，他率军出其不意，攻其不备，在对手没有防备的情况下，取得了胜利。可以说，他把示弱和出其不意的谋略运用到了极致。很显然，这比硬刚的效果要好太多了。

在实际生活中，我们同样应学习张献忠这种暗藏锋芒、出其不意的智慧。在处境不利的时候，不妨故意示弱，藏起利刃，麻痹对手。等到他们放松警惕时，再突然跳出来，出其不意，直击要害，这才是高明的攻敌谋略。

智者造势，能者借势，明者顺势

谋略思维

> 为直者，积于曲也。要想快速达到目的，获得成功，就必须使用迂回战术。真正厉害的人，总能洞见常人所不能察觉之势，或借或顺，化平凡为神奇。就算无势可借，也能利用谋略，造出势力。

谋略解读

要想成事，无非天时、地利、人和，谋事重在一个"势"字，如造势、借势、顺势。最好的状态是，借势而上，顺势而为，造势而动。

有些人善于造势，多喜谋篇布局。他们可以利用手中的资源，主动行动，创造一个支点，以期撬动世界。还有些人善于借势而下，顺势而动，利用已有的势发力，让势的力量化为自己的力量，克敌制胜。

无论借势也好，顺势也罢，我们都要善于发现势，学会造出势，这才是顶级的谋略思维。正如《道德经》所言，"道生之，德畜之,物形之,势成之。"道生万物,德育万物,然万物得以生长,皆因顺应自然发展的趋势。善于利用势,我们就离成功不远了。

谋略案例

张仪是战国时期著名的外交家,也是秦国"连横"政策的有力推手。张仪除了是一位外交家,还是一名出色的将领。在与敌对垒中,他就善于利用"势"。

张仪入秦后,指挥的第一场大仗便是对阵魏国。魏国实力薄弱,论军事并不是秦国的对手。当时,张仪和秦国公子华一同围攻魏国的蒲阳城。因为兵力悬殊,很快,秦军便拿下蒲阳城。

打下胜仗,攻下城池,自然要据为己有,然而张仪的做法,却让人感觉到不可思议。他请求秦王把蒲阳还给魏国。为了赢得魏王的信任,他还建议秦王把儿子公子繇送去魏国当人质。打了胜仗,不仅要退还城池,还要送去人质,这是何道理?

这其中体现了张仪高超的谋略智慧,他在"借势"。

张仪认为,秦国的实力已经让魏国见识到了——你看,我们秦国要想拿下蒲阳城,简直如探囊取物。这么一座小城,我们想要就打,不想要就还给你们,现在我们把它还给你们,是为了让魏王知道,我们秦国想要你死你就得死,想要你活你就能活。

为了把势推到更高点，张仪甚至建议秦王送了一个不受宠的公子到魏国。什么意思？看，把秦国公子也给你们送来，我们可以把他送来，也可以轻松把他接走，你们不要妄想伤害他。这一招，几乎把势推到顶峰。

魏国看到秦国的"诚意"，也不能不有所表示。最终，魏国献出上郡的十五个县作为对秦王的回报。秦国失去一座城，得到的却远远大于失去的。

在这场对阵中，张仪成功地运用了"势"的谋略。他所凭借的势，是秦国强大的军事实力。从一开始，他所代表的秦军就没有把小小的蒲阳城看在眼里，而是一直想要谋取更大的利益。为了获取更大的利益，他采取以退为进、借势压迫的谋略，让魏王心生惧意，主动送上城池。

真正的谋略高手，总会想办法避免和敌人硬拼。同样是完成目标，有人拼尽全力，即使取胜，也得付出高昂的代价；有的人却能运用巧劲，懂得用势谋事，用最小的代价换取最大的利益。很显然，善用势者，才是真正的赢家。

高手过招，互利共赢是上策

谋略思维

> 一个人，不可能凭借个人的力量闯世界，因为独木难支，力量太弱。即使是那些白手起家、有成就的人，也离不开其他人的帮衬。想要取得更高成就，那就必须有更多人的帮扶。因此，顶级的谋略思维是，不要尝试单打独斗，互利共赢才是上策。

谋略解读

一个人的力量有限，在当今这个学科交叉、知识融合、技术集成的大背景下，个人的作用更是微不足道。既然个人不可能同时拥有成就事业所必备的所有能力，那么如何才能成就事业呢？关键在于群体的合力。

顶级的谋略思维是，要想成事，就必须与更多的人合在一起，相互帮助，互利共赢。

生活中，有些人喜欢单枪匹马地战斗，以为自己无所不能，可以取胜。实际上，只靠个人的力量，永远不可能取得太大的成绩。越是追求伟大目标的人，越是需要借助别人的力量。每个想获得成功的人，都应该学会与别人合作，与别人优势互补，互利互惠，共同走向成功的彼岸。

其实，能够与人互利共赢，是一种高明的谋略。

谋略案例

公元前257年，秦国围攻赵国都城邯郸，情况危急，赵国已然到了灭国边缘。赵国平原君是信陵君的姐夫，为了解围，便向魏国求救。

消息传到魏国后，信陵君想要救姐姐，自然同意救赵国。但是魏国国君却因为惧怕秦国，迟迟不肯出兵。信陵君急得焦头烂额，多次劝说都不起作用。一边是国君不同意，一边是姐姐命在旦夕，信陵君忧虑万分，无奈之下，只好决定带着自己的宾客前去，誓与赵国人一起共患难。

然而，就在信陵君出城后不久，他却带人返回了。他并非不想救赵国，而是遇到一个人，让他改变了主意。这个人就是侯嬴，他不但没有支持信陵君，还出言讥讽，言称信陵君就要死了。

侯嬴是当时魏国的一位隐士，家境贫寒，已经七十多岁，却还在大梁城的东城门做看守。这样一位老人，没有什么过人之处，可信陵君听说他是一个很有才能的人，便礼贤下士，派人重金去请他。侯嬴不想去，以自己年迈为由推脱了。

信陵君不死心，就想了个办法。他大费周章，举办了一场高规格的宴会，邀请了一些尊贵的客人。这些尊贵的客人来了后，他留下一个最尊贵的位置，之后用车去把侯嬴请过来，让其坐在最尊贵的位置上。

侯嬴没有丝毫谦让的意思，不仅大大方方坐在主位，还在宴会后故意让信陵君陪着他去闹市的屠宰场看望朋友。自始至终，信陵君都表现得恭恭敬敬，没有丝毫不耐烦。侯嬴终于被打动，成为信陵君的宾客。

这一次，侯嬴坚决反对信陵君贸然去赵国。他告诉信陵君，就这样去救赵国，就像把肉直接扔给饥饿的老虎，只能是什么也不剩，要救赵国，另有他法。

信陵君向侯嬴拜礼，询问对策。侯嬴也不推辞，直接说出自己的计谋。

原来魏王有个很受宠的小妾，可以随便出入魏王的卧室。信陵君施恩天下，曾经帮助这个小妾报了杀父之仇，这时候可以利用小妾。利用她干什么呢？那就是盗取兵符。在那个时代，兵符是可以调动军队的。

于是，在信陵君的请求下，那个小妾帮助信陵君将魏王的兵符偷了出来。随后，信陵君用兵符调动魏军解了赵国之围。救赵国之后，信陵君遣返了魏军，自己却留在赵国。因为他知道，盗取兵符是重罪，自己一旦回去，肯定要受到惩罚。

　　风水轮流转，十年后，秦军又大举进攻魏国。大军压境，魏国岌岌可危。信陵君得到消息后，心系故土，又想将功补过，便毅然返回魏国。

　　魏王没有怪罪信陵君当年之事，还封他为上将军，领兵抗击秦军。因为有"窃符救赵"的义举，信陵君在多国有极大的影响力，凭借自己巨大的影响力与号召力，信陵君组织起包括赵国在内的五国合纵军，一举击退秦军。

　　"窃符救赵"是历史上有名的故事，也是信陵君光彩的事迹之一。毫无疑问，他爱国、重义，也是一位谋略高手。他高明的地方，就是明白互利共赢的真谛。他为什么一定要救赵国？仅仅是因为姐姐在邯郸吗？当然不是。他救赵国的主要原因，是明白魏国、赵国有着共同的敌人——秦国。两个兵力并不很强的国家相互联合，就有了对抗强秦的资本。正是出于"互利共赢"的考量，他才冒险窃取兵符，救下赵国。事实证明，魏国、赵国守望相助，确实可以与强秦周旋，信陵君实乃谋略高手。

　　海不辞水，故能成其大。一个人的力量有限，能力有限，单打独斗永远不能成大事。要想成功，我们就必须有互利共赢的谋略思维，团结一心，协同发展，守望相助。

声东击西，真真假假藏智谋

谋略思维

高明的谋略者，都善于运用"声东击西"的战术。"声东"就是"虚晃一枪"，目的在于吸引敌人的注意力；"击西"才是真正的目的，集中全部力量，给予敌人致命一击，达成目标。顶级的谋略思维是，声东击西，暗藏真假，让敌人摸不清虚实。

谋略解读

高明的谋略者，都善于在对抗过程中利用各种方法和手段制造迷雾，尤其是在利益交锋的关键时刻，更是会使出浑身解数。

"声东击西"原本是三十六计中的第六计，属于军事谋略，现在广泛运用于商业经营以及日常生活中。声东击西的真谛是，制造迷雾，使敌人陷入心醉神迷、行为紊乱、意志混沌的状态，以致不能提防突发事件。这个时候，真实力量突然爆发，就可能起到事半功倍的效果，取得胜利。

高明的谋略者，必然会娴熟地运用这一策略。

谋略案例

公元前205年，原与刘邦结盟的魏王豹在其兵败彭城后，退守荥阳、成皋一线与项羽相持，在关键时刻，魏王豹背汉降楚，派大将柏直、冯敬扼守黄河临晋渡口，企图阻挡汉军北进。为了消除身后之患，刘邦在相持三个月后决定任命韩信为左丞相，率曹参、灌婴二将，领兵伐魏。

韩信大军挥师渡口时，只见隔河相望的魏军有重兵把守，难以强攻，遂命令暂且停驻此地，安营扎寨。在此过程中，韩信一面派人收集可以与魏军隔河相拒的船只，一面派探马暗察上游地势。传回的探报表明，在上游夏阳之地的魏军防守颇为松懈。韩信闻之大喜，立即带领曹参、灌婴二将前去察看地形。

三人到了夏阳实地一看，顿觉苦恼：只见夏阳河段水深滩险、急流澎湃，河中布满礁石，别说是行船，就是羽毛恐怕也很难飘浮起来。曹参、灌婴二将看后摇头作难，只有韩信一人闷头不语。

回到汉军营地，韩信苦思冥想后，忽然眼前一亮，当即传来曹、灌二将，命曹参领兵上山伐木，越快越好；又令灌婴带人前往市场，购买数千瓦罂，每个瓦罂能容纳二石的物品。二人一头雾水，颇感意外，不禁问道："将军要这些东西有什么用？"韩信只言"到时自知"便再不多说。二人只得奉命分头行事。实际上，韩信是想采用声东击西之计，在夏阳河段出其不意地击败魏军。

几天后，所需物品准备齐全。待曹参、灌婴二人向韩信复命时，韩信又命令道："你二人再将所备物品制成木罂，制法均在这封信函中，制成后立即来报。"说完，将一封信函交到二人手中。

领命后，二人马上指挥将士按信函中的要求，用四木夹住一个瓦罂，捆绑牢固，然后再将木罂用绳连起，数十个连成一排，分别连成数十排。几天后，所有的木罂都已赶造完毕。

一切准备妥当后，韩信便开始行动。黄昏时分，他召来曹、灌二将，命灌婴率领数千人马，守住前些天收集来的船只，告知其只准击鼓呐喊，不准擅自渡河。他自己则与曹参统领大队人马，暗中搬运木罂，连夜赶到夏阳，然后指挥将士把木罂放入河中，两三人一个木罂，用桨缓缓向对岸渡去。由于木罂体轻，浮力又大，四周都是木头，即使撞到河中礁石也不会破损，因此顺利渡过了这段险峻的河段。

这边扼守在临晋渡口的魏将柏直、冯敬，忽然闻听对岸汉军鼓响如雷，喊声震天，以为韩信要强行渡河，于是急忙调动人马，严密注视对岸动静。他们哪里知道，这是汉军的虚张声势之计。真正的主力在韩信的指挥下，正在滩险水急、难以行船的夏阳，用木罂徐徐渡过黄河。

直到汉军全部安全渡河后，魏军还没有丝毫察觉。韩信率领大军以迅雷不及掩耳之势，下东张，拔安邑，直逼魏都平阳，一扫魏军。

魏王豹兵败后逃到东垣，又被汉军包围，走投无路之下，只得束手就擒。就这样，韩信只用了短短不到一个月的时间就平定了魏地。

作为我国历史上著名的军事家、谋略家，韩信无疑是玩弄奇招、出奇制胜的高手。他伐魏首战成功，借的就是这种声东击西的谋略。方法很简单，他先用虚张声势的样子迷惑了敌人，用假象掩盖自己的真实意图，牵制敌人，然后率领主力，从魏军意想不到的地方突然袭击，将魏军打了个措手不及。

无论是战争还是商业竞争，"声东击西"都是一招很好的谋略。这种谋略灵活多变，真真假假，虚虚实实，往往能收到奇效。当然，我们也要提防对手，不要被那些所谓的花言巧语和漂亮的包装所迷惑。